Duden Ratgeber



# Deutsche Grammatik kompakt

Erarbeitet von der Dudenredaktion
auf der Grundlage des Titels
»Der kleine Duden – Deutsche Grammatik«
von Ursula und Rudolf Hoberg

2., aktualisierte und
überarbeitete Auflage

Dudenverlag
Berlin

Die **Duden-Sprachberatung** beantwortet Ihre Fragen zu Rechtschreibung, Zeichensetzung, Grammatik u. Ä.
**montags bis freitags zwischen 09:00 und 17:00 Uhr.**
Aus Deutschland: **09001 870098** (1,99 € pro Minute aus dem Festnetz)
Aus Österreich: **0900 844144** (1,80 € pro Minute aus dem Festnetz)
Aus der Schweiz: **0900 383360** (3,13 CHF pro Minute aus dem Festnetz)
Die Tarife für Anrufe aus den Mobilfunknetzen können davon abweichen.
Den kostenlosen Newsletter der Duden-Sprachberatung können Sie unter www.duden.de/newsletter abonnieren.

**Bibliografische Information der Deutschen Nationalbibliothek**
Die Deutsche Nationalbibliothek verzeichnet diese Publikation in der Deutschen Nationalbiografie; detaillierte bibliografische Daten sind im Internet über http://dnb.d-nb.de abrufbar.


Bibliographisches Institut GmbH, Mecklenburgische Straße 53, 14197 Berlin

**Redaktionelle Leitung** Sophie Schwaiger
**Redaktion** Dr. Franziska Münzberg, Dr. Kathrin Kunkel-Razum
**Herstellung** Maike Häßler
**Typografie** Horst Bachmann
**Umschlaggestaltung** Jürgen Sauerhöfer
**Satz** fotosatz griesheim GmbH
**Druck und Bindung** AZ Druck und Datentechnik GmbH, Heisinger Straße 16, 87437 Kempten
Printed in Germany

ISBN 978-3-411-74322-3
www.duden.de

# Inhalt

Die Form der Wörter
Der Aufbau der Wörter
Wortbildung
Wortarten
Verben
Nomen
Artikel und Pronomen
Adjektive
Adverbien
Präpositionen
Konjunktionen
Interjektionen
Die Form der Wörter
Der Aufbau der Wörter
Wortbildung
Wortarten
Verben
Nomen
Artikel und Pronomen
Adjektive
Adverbien
Präpositionen
Konjunktionen
Interjektionen
Die Form der Wörter
Der Aufbau der Wörter
Wortbildung
Wortarten
Verben
Nomen
Artikel und Pronomen
Adjektive
Adverbien
Präpositionen
Konjunktionen
Interjektionen
Die Form der Wörter

# Wörter und Wortarten

## Die Form der Wörter

Neben unveränderlichen Wörtern *(und, auf, über, bis ...)* gibt es eine große Anzahl von Wörtern, die sich je nach ihrer Funktion im Satzzusammenhang in ihrer Form verändern können. Diese Formveränderung nennt man **Flexion (Beugung).** Die Flexion wird unterteilt in **Deklination, Konjugation** und **Steigerung (Komparation).**

| | | |
|---|---|---|
| **Deklination** | | |
| Dekliniert werden Nomen, Adjektive, Artikel und Pronomen nach Numerus (Singular – Einzahl, Plural – Mehrzahl) und Kasus (Fall): Nominativ, Genitiv, Dativ, Akkusativ. Außerdem unterscheidet man drei Genera (Sg. Genus: grammatisches Geschlecht): Maskulinum/maskulin (männlich), Femininum/feminin und Neutrum/neutral (sächlich). | *das alte Schloss*<br>*des alten Schlosses*<br>*dem alten Schloss*<br>*das alte Schloss* | *die alten Schlösser*<br>*der alten Schlösser*<br>*den alten Schlössern*<br>*die alten Schlösser* |
| **Konjugation** | | |
| Konjugiert werden Verben nach Person, Numerus, Tempus (Zeit), Modus (Indikativ, Konjunktiv, Imperativ) und Handlungsart (Aktiv, Passiv). | *ich sage*<br>*du hast gesagt*<br>*er/sie/es sagte* | *wir werden sagen*<br>*ihr sagtet*<br>*sie hätten gesagt*<br>*es wird gesagt* |
| **Steigerung** | | |
| Die Steigerung (Komparation) ist eine besondere Art der Formveränderung bei Adjektiven (und einigen Adverbien). Es gibt drei Steigerungsstufen: Positiv (Grundstufe), Komparativ (Höherstufe), Superlativ (Höchststufe). | *kühl*<br>*kühler*<br>*der kühlste [Tag]* | *viel*<br>*mehr*<br>*am meisten* |

## Der Aufbau der Wörter

Wörter setzen sich meist aus Wortteilen (Morphemen) zusammen. Man unterscheidet: Stamm, Präfix (Vorsilbe), Suffix (Nachsilbe), Flexionsendung. Viele Wortteile kommen nicht für sich allein vor; sie haben aber doch eine eigene Bedeutung, mit der sie zur Gesamtbedeutung eines Wortes beitragen.

| Präfix(e) | Stamm | Suffix(e) | Flexionsendung |
|---|---|---|---|
| *un* | *klar* | | |
| | *Klar* | *heit* | |
| | *klär* | | *t* |
| *Ver* | *klär* | *ung* | |
| *un-er* | *klär* | *lich* | *e* |

## Wortbildung

Aus einem Grundbestand aus Wörtern und Wortteilen können nach bestimmten Regeln oder Mustern neue Wörter gebildet werden. Man unterscheidet zwei Hauptarten von Wortbildung, die **Zusammensetzung (Komposition)** und die **Ableitung (Derivation).**

### 1. Zusammensetzung (Kompositum, Pl. Komposita)

Ein zusammengesetztes Wort besteht aus zwei oder mehreren selbstständig vorkommenden Wörtern, gewöhnlich aus einem Grundwort und einem vorangehenden Bestimmungswort.

*Tisch-bein* *Hunde-futter*
*heim-gehen* *wasser-dicht*

| 2. Ableitung (Derivat, Pl. Derivate) | | |
|---|---|---|
| Eine Ableitung besteht aus einem selbstständig vorkommenden Wort (bzw. seinem Stamm) und einem oder mehreren unselbstständigen Wortteilen. | *er-kennen*<br>*Mess-ung* | *ur-alt*<br>*lieb-lich* |

## Wortarten

Wörter lassen sich anhand bestimmter Merkmale in Klassen einteilen, die man Wortarten nennt:

| **Wortart** | **Merkmale** | | | |
|---|---|---|---|---|
| | **der Form** | **der Verwendung im Satz** | | **der Bedeutung** |
| **Verb** | **flektierbar:** Konjugation | **Rolle:**<br>**Verteilung:** | v. a. Prädikat (Satzaussage)<br>in Übereinstimmung mit dem Subjekt | Zustände, Vorgänge, Tätigkeiten, Handlungen |
| **Nomen** | **flektierbar:** Deklination | **Rolle:**<br>**Verteilung:** | Subjekt (Satzgegenstand), Objekt, adverbiale Bestimmung, Attribut (Beifügung)<br>mit Artikel | Lebewesen, Sachen (Dinge), Begriffe (Abstrakta) |
| **Adjektiv** | **flektierbar:** Deklination (Steigerung) | **Rolle:**<br>**Verteilung:** | Attribut (Beifügung), adverbiale Bestimmung<br>mit Nomen bzw. Verb | Eigenschaften, Merkmale |
| **Artikel, Pronomen** | **flektierbar:** Deklination | **Rolle:**<br>**Verteilung:** | Attribut (Beifügung) oder selbstständig<br>mit Nomen oder anstelle eines Nomens | Verweise, nähere Bestimmungen |
| **Adverb** | **nicht flektierbar** | **Rolle:**<br>**Verteilung:** | adverbiale Bestimmung oder Attribut (Beifügung)<br>mit Verb bzw. Adjektiv | nähere Umstände |

| | | | | |
|---|---|---|---|---|
| **Präposition** | **nicht flektierbar** | **Rolle:**<br>**Verteilung:** | Bestimmung des Kasus (Falls)<br>mit Nomen oder Pronomen | Verhältnisse, Beziehungen |
| **Konjunktion** | **nicht flektierbar** | **Rolle:**<br>**Verteilung:** | Verbindung, Einleitung, Unterordnung<br>zwischen Sätzen, innerhalb von Satzgliedern und Attributen | Verknüpfung im logischen, zeitlichen, begründenden, modalen u. ä. Sinn |
| **Interjektion** | **nicht flektierbar** | gewöhnlich syntaktisch isoliert; dialogsteuernde und -gliedernde Funktion | | Empfindungen, Gefühle, Stellungnahmen |

## Verben (Tätigkeitswörter, Tu[n]wörter, Zeitwörter)

Neben einfachen Verben *(kommen, nehmen ...)* gibt es viele abgeleitete Verben *(bekommen, teilnehmen ...)*. Einige Verben sind trennbar (*nahm ... teil*: trennbare Verben). Bei anderen ist das Präfix immer fest mit dem Verb verbunden (*bekam:* untrennbare Verben). Verben werden nach ihrer Bedeutung und Funktion in verschiedene Klassen eingeteilt:

**Bedeutungsgruppen:**

| | |
|---|---|
| **1. Zustandsverben** | *Claudia* ***ist*** *krank. Der Schaden* ***beträgt*** *3 000 EUR.* |
| **2. Vorgangsverben** | *Ich konnte nicht* ***einschlafen****. Er ist spät* ***aufgewacht****.* |
| **3. Tätigkeitsverben** | *Der Fahrer wollte* ***abbiegen****. Die Kinder* ***spielen.*** |

### Vollverben

| | |
|---|---|
| Vollverben sind alle Verben, die allein im Satz vorkommen können. | *Sie* ***liebt*** *ihn. Der Fahrer* ***übersah*** *den entgegenkommenden Bus.*<br>*Der Unfall* ***forderte*** *zwei Verletzte.* |

## Hilfsverben *(haben, sein, werden)*

| | |
|---|---|
| Hilfsverben kommen zusammen mit einem Vollverb vor und dienen dazu, bestimmte Tempusformen *(haben, sein:* Perfekt, Plusquamperfekt; *werden:* Futur) und das Passiv *(werden)* zu bilden. | *Die Kinder **haben** geschlafen/ **sind** aufgewacht, **hatten** geschlafen/ **waren** aufgewacht, **werden** schlafen; **werden/wurden** geweckt.* |
| *Haben, sein* und *werden* können auch selbstständig, als Vollverben, auftreten. | *Ich **habe** keine Zeit. Gestern **waren** wir im Kino. Er **wird** Ingenieur. **Werde** bald wieder gesund.* |

## Modalverben

| | |
|---|---|
| Modalverben drücken in Verbindung mit einem Vollverb im Infinitiv aus, dass etwas möglich, notwendig, gewollt, erlaubt, gefordert ist. | ***Können** wir uns morgen treffen? Ich **muss** den Termin absagen. Wir **möchten/ wollen** ins Kino gehen. **Darf** ich rauchen? Wir **sollen** uns gedulden.* |

## Modifizierende Verben

| | |
|---|---|
| Modifizierende Verben wandeln in Verbindung mit *zu* und einem Vollverb im Infinitiv dessen Inhalt ab. | *Er **drohte** (war im Begriff) zu ertrinken. Es **schien** (hatte den Anschein) zu glücken. Auf dem Foto **war** nichts zu erkennen (konnte man nichts erkennen). Ich **habe** noch zu arbeiten (muss noch arbeiten).* |

## Funktionsverben

| | |
|---|---|
| Funktionsverben verlieren in Verbindung mit bestimmten Nomen ihre eigentliche Bedeutung. Die Verbindungen mit einem Funktionsverb **(Funktionsverbgefüge)** stehen gewöhnlich als Umschreibung für ein einfaches Verb: *zur Aufführung bringen = aufführen.* | *zum Abschluss **bringen***<br>*zur Verteilung **gelangen***<br>*zur Anwendung **kommen***<br>*in Erwägung **ziehen*** |

## Persönliche und unpersönliche Verben

| | |
|---|---|
| Persönliche Verben können in allen drei Personen gebraucht werden. | *Ich **laufe.** Du **lachst.** Sie **arbeitet.*** |
| Unpersönliche Verben können nur mit *es* verbunden werden. Bei übertragenem Gebrauch können sie auch ein anderes Pronomen oder Nomen bei sich haben. | *Es **regnet/nieselt/donnert/blitzt/schneit.***<br>*Die Küche **blitzt** vor Sauberkeit.* |

## Reflexive Verben

| | | |
|---|---|---|
| Echte reflexive Verben treten immer mit einem Reflexivpronomen, das sich auf das Subjekt des Satzes bezieht, auf. | *Ich **schäme mich.** Hast du **dich verirrt?***<br>*Sie **entschloss sich** zu einer langen Forschungsreise.* | |
| Unechte reflexive Verben können statt mit einem Reflexivpronomen auch mit einem Nomen oder Pronomen gebraucht werden. | (Reflexiv:)<br>(Nicht reflexiv:) | *Sie **wäscht sich.***<br>*Sie **wäscht das Kind/ es.*** |

## Transitive und intransitive Verben

| | |
|---|---|
| Verben, die eine Akkusativergänzung haben und von denen ein Passiv gebildet werden kann, nennt man transitive (»zielende«) Verben. Alle anderen Verben nennt man intransitive (»nicht zielende«) Verben. | *Die Feuerwehr **löschte** den Brand.*<br>(Passiv:) *Der Brand **wurde** von der Feuerwehr **gelöscht.***<br>*Die Kerze **ist** von selbst **ausgegangen.*** |

### Das Verb und seine Ergänzungen

Jedes Verb fordert (»regiert«) eine bestimmte Anzahl und Art von Ergänzungen. Diesen Sachverhalt bezeichnet man als Valenz (Wertigkeit) des Verbs. Man unterscheidet vor allem:

| | |
|---|---|
| ■ Verben, die nur ein Subjekt haben; | *Das Baby schläft. Die Sonne scheint.* |
| ■ Verben mit Subjekt und Akkusativergänzung; | *Er repariert sein Auto. Sie liest einen Roman.* |

| | |
|---|---|
| ■ Verben mit Subjekt und Dativergänzung; | *Das Buch gehört mir. Sie dankte den Rettern.* |
| ■ Verben mit Subjekt, Dativ- und Akkusativergänzung; | *Sie schenkt ihm ein Buch.* |
| ■ Verben mit Subjekt und Genitivergänzung; | *Sie gedachten der Toten.* |
| ■ Verben mit Subjekt und Präpositionalergänzung; | *Inge achtete auf ihre Schwester.* |
| ■ Verben mit Subjekt und Prädikativergänzung; | *Er wird Maurer. Sie ist intelligent.* |
| ■ Verben mit Subjekt und Raum- oder Zeitergänzung. | *Er wohnt in Köln/fährt nach Köln.*<br>*Die Sitzung dauerte zwei Stunden.* |

### Die Konjugation

Die wichtigsten Unterschiede in der Konjugation der Verben bestehen in den Formen des Präteritums und des Partizips II. Nach den Bildungsweisen dieser beiden Formen unterscheidet man:

| | **Stammformen** | | |
|---|---|---|---|
| | **Infinitiv** | **1. Pers. Sg. Prät.** | **Partizip II** |
| **1. regelmäßige (»schwache«) Konjugation:**<br>Bei den schwachen Verben bleibt der Stammvokal in allen Formen gleich; das Präteritum wird mit *-t-* zwischen dem Stamm und den Endungen gebildet, das Partizip II mit dem Präfix *ge-* und der Endung *-t.* | *sagen* | *sagte* | *gesagt* |
| | *lieben* | *liebte* | *geliebt* |
| **2. unregelmäßige (»starke«) Konjugation:**<br>Bei den starken Verben wechselt der Stammvokal (Ablaut); das Partizip II wird mit dem Präfix *ge-* und der Endung *-en* gebildet. | *reiten* | *ritt* | *geritten* |
| | *sprechen* | *sprach* | *gesprochen* |
| | *binden* | *band* | *gebunden* |
| | *werfen* | *warf* | *geworfen* |

| | | | |
|---|---|---|---|
| Bei einigen Verben verändert sich auch der auf den Stammvokal folgende Konsonant. | *zie**h**en* | *zo**g*** | *gezo**g**en* |
| | *ste**h**en* | *sta**nd*** | *gesta**nd**en* |
| Eine weitere Gruppe der unregelmäßigen Verben hat im Präteritum und Partizip II Vokal- (und Konsonanten)wechsel, wird aber in den Endungen regelmäßig konjugiert. | *brennen* | *br**a**nn**te*** | *gebr**a**nn**t*** |
| | *denken* | ***dachte*** | *ged**acht*** |
| | *bringen* | *br**achte*** | *gebr**acht*** |

## Die Verbformen

1. *Personalform:*
Verbformen, die in Person und Numerus mit dem Subjekt übereinstimmen, heißen Personalformen (finite Verbformen). Person und Numerus werden durch Endungen (Personalendungen) angezeigt, die an den Verbstamm angefügt werden. Die Personalform des Verbs gibt Auskunft über:

| | | |
|---|---|---|
| **1. die Person;** | 1., 2., 3. Person | Wer tut etwas? |
| **2. den Numerus (die Zahl);** | Singular, Plural | Wie viele tun etwas? |
| **3. das Tempus (die Zeit);** | Präsens, Präteritum, Perfekt, Plusquamperfekt, Futur I/II | Wann geschieht etwas? |
| **4. den Modus (die Aussageweise);** | Indikativ | Geschieht etwas wirklich? |
| | Konjunktiv | Ist es möglich, dass etwas geschieht? |
| | Imperativ | Aufforderung, etwas zu tun |
| **5. die Handlungsart (das Genus Verbi).** | Aktiv | Tut die Person etwas? |
| | Passiv | Wird etwas getan? |

2. *Infinitiv und Partizip:*

| Infinitiv | |
|---|---|
| Bildung: Der Infinitiv (die Grund- oder Nennform) besteht aus dem Verbstamm und der Endung *-en* oder (bei Verben auf *-el, -er*) *-n*. | *komm-en, les-en, dunkel-n, kletter-n* |
| Gebrauch: in Verbindung mit anderen Verben (vor allem mit dem Hilfsverb *werden* und Modalverben); | *Ich muss **abreisen.** Er scheint noch nicht ganz wach zu **sein.** Wann werden wir uns **wiedersehen?*** |
| als Satzglied oder als Attribut zu einem Nomen. | Satzglied: ***Reisen** macht schlau.* Attribut: *Unser Entschluss **abzureisen** stand fest.* |

| Infinitivgruppe | |
|---|---|
| Hängen von einem Infinitiv andere Wörter oder Wortgruppen ab, liegt eine **Infinitivgruppe** (erweiterter Infinitiv) vor. | ***Dieses Problem zu lösen,** ist schwierig. Er nahm sich vor, **im neuen Jahr ein besserer Mensch zu werden.*** |

| Infinitiv oder Partizip II | |
|---|---|
| Manche Verben, die mit einem anderen Verb im Infinitiv verbunden werden, ersetzen die Form des Partizips II durch den Infinitiv (immer bei Modalverben und *brauchen*). | *Das hätte er mir auch schreiben **können*** (nicht: ***gekonnt***). *Sie hätte sich besser vorbereiten **sollen.*** *Wir haben nicht lange zu warten **brauchen.*** |

| Partizip I (Mittelwort I) | |
|---|---|
| Bildung: Infinitiv + *d* | *kommen-**d,** weinen-**d,** blühen-**d*** |
| Gebrauch: als Attribut zu einem Nomen oder als Satzglied | Attribut: *ein **weinendes** Kind* Satzglied: *Das Kind lief **weinend** zur Mutter.* |

| Partizip II (Mittelwort II) | |
|---|---|
| Bildung: In der Regel erhält es das Präfix *ge-*; *ge-* entfällt bei untrennbaren Verben, bei Verben auf *-ieren* und bei Zusammensetzungen mit Verben dieser beiden Gruppen. | *stellen – gestellt, arbeiten – gearbeitet, brechen – gebrochen, bestellen – bestellt, verarbeiten – verarbeitet, zerbrechen – zerbrochen, studieren – studiert, rationalisieren – rationalisiert, vorbestellen – vorbestellt* |

### Partizip II (Mittelwort II)

| | | |
|---|---|---|
| Bei trennbaren Verben tritt *ge-* zwischen Präfix und Verbstamm. | *vorstellen – vorgestellt, anbinden – angebunden* | |
| Gebrauch: hauptsächlich in Verbindung mit Hilfsverben (Bildung von Tempusformen und Passiv) | *er hat* ***gesagt****/er hatte* ***gesagt*** (Perf./Plusqu.) *er wird* ***gesagt*** *haben/es wird* ***gesagt*** (Fut. II/ Passiv) | |
| als Attribut zu einem Nomen | | *ein* ***geprügelter*** *Hund* |
| oder als Satzglied | | *Sie dachte* ***angestrengt*** *nach.* |
| Partizipien, die nur noch als Adjektive empfunden werden, können auch Steigerungsformen bilden und in Verbindung mit *sein, werden* usw. als Prädikativergänzung dienen. | Partizip I:<br>Partizip II: | *Die Reise war* ***anstrengender,*** *als ich dachte.*<br>*Er ist* ***gewandter*** *geworden. Du hast immer die* ***verrücktesten*** *Ideen.* |

### Partizipialgruppe

| | |
|---|---|
| Hängen von einem Partizip andere Wörter oder Wortgruppen ab, liegt eine **Partizipialgruppe** (ein erweitertes Partizip) vor. | *der* ***dem Prozess vorausgegangene*** *Streit*<br>*= der Streit, der dem Prozess vorausgegangen ist*<br>***Laut lachend*** *ging er aus dem Zimmer*<br>*(= Er ging aus dem Zimmer, indem er laut lachte).* |

## Die Tempora (Zeitformen) und ihr Gebrauch

### Präsens

| | |
|---|---|
| Mit dem Präsens kann ausgedrückt werden: | |
| ein gegenwärtiges Geschehen; | *Wohin* ***gehst*** *du? Ich* ***gehe*** *nach Hause.* |
| eine allgemeine Gültigkeit; | *Zwei mal drei* ***ist*** *sechs.* |
| ein zukünftiges Geschehen; | *Morgen* ***fliege*** *ich nach Irland. Das* ***bereut*** *er noch.* |
| ein vergangenes Geschehen (historisches Präsens). | *Im Jahre 55 v. Chr.* ***landen*** *die Römer in Britannien.* |

### Präteritum

| | |
|---|---|
| Das Präteritum schildert ein Geschehen als vergangen oder in der Vergangenheit ablaufend; es dient auch der Kennzeichnung unausgesprochener Gedanken (»erlebte Rede«). | *Es* ***war*** *einmal ein König, der* ***hatte*** *drei Töchter.*<br>*Im Jahre 44 v. Chr.* ***wurde*** *Cäsar* ***ermordet.***<br>*Er* ***dachte*** *angestrengt* ***nach.***<br>*Wie* ***konnte*** *das geschehen?* |

### Perfekt

| | |
|---|---|
| Das Perfekt wird gebildet mit den Präsensformen des Hilfsverbs *sein* oder *haben* und dem Partizip II. Die meisten Verben (alle transitiven und alle reflexiven) bilden das Perfekt mit *haben,* intransitive Verben bilden das Perfekt teils mit *haben,* teils mit *sein.* | Intransitive Verben, die einen Zustand oder ein Geschehen in seiner Dauer ausdrücken:<br>*Wir* ***haben*** *früher in Bochum* ***gewohnt.***<br>*Ich* ***habe*** *die ganze Nacht nicht* ***geschlafen.***<br>*Im Urlaub* ***haben/sind*** *wir viel* ***geschwommen.***<br>Intransitive Verben, die eine Zustands- oder Ortsveränderung bezeichnen:<br>*Er* ***ist*** *nach Bochum* ***gefahren.***<br>*Erst gegen Morgen* ***bin*** *ich* ***eingeschlafen.***<br>*Einmal* ***sind*** *wir bis zu der Insel* ***geschwommen.*** |
| Das Perfekt dient der Darstellung eines abgeschlossenen Geschehens oder eines erreichten Zustandes, gelegentlich auch in der Zukunft. | *Es* ***hat geschneit.***<br>***Hast*** *du das Buch* ***gekauft?***<br>*Sie* ***sind*** *gestern* ***abgefahren.***<br>*Morgen* ***haben*** *wir es* ***geschafft.*** |

### Plusquamperfekt

| | |
|---|---|
| Das Plusquamperfekt wird gebildet mit den Präteritumformen des Hilfsverbs *haben* oder *sein* und dem Partizip II. | *Ich* ***hatte gespielt.***<br>*Du* ***warst gekommen.***<br>*Er gestand, dass er das Buch* ***gestohlen hatte.*** |
| Es dient der Darstellung eines abgeschlossenen Geschehens. In Verbindung mit dem Präteritum oder dem Perfekt drückt es aus, dass ein Geschehen zeitlich vor einem anderen liegt (Vorzeitigkeit; Vorvergangenheit). | *Als er kam,* ***waren*** *seine Freunde schon* ***gegangen.***<br>*Er* ***hatte*** *zwar etwas anderes* ***vorgehabt****, aber er* ***hat*** *uns trotzdem* ***begleitet.*** |

### Futur I

| | |
|---|---|
| Das Futur I wird gebildet mit den Präsensformen des Hilfsverbs *werden* und dem Infinitiv. | *Ich* ***werde lesen.*** *Du* ***wirst kommen.*** |

| | |
|---|---|
| Es drückt aus:<br>■ eine Ankündigung, Voraussage;<br>■ eine Absicht, ein Versprechen;<br>■ eine nachdrückliche Aufforderung;<br>■ eine Vermutung. | *Nachts **wird** der Wind **auffrischen.***<br>*Ich **werde** pünktlich **da sein.***<br>*Du **wirst** das sofort **zurücknehmen.***<br>*Er **wird** schon längst in Rom **sein.*** |

### Futur II

| | |
|---|---|
| Das Futur II wird gebildet mit den Präsensformen des Hilfsverbs *werden* und dem Infinitiv Perfekt; es dient der Darstellung eines Geschehens, das zu einem künftigen Zeitpunkt beendet sein wird (vollendete Zukunft), oder drückt eine Vermutung über ein vergangenes Geschehen aus. | *Ich **werde abgereist sein.***<br>*Bis morgen **werde** ich die Aufgabe **erledigt haben.***<br><br>*Du **wirst geträumt haben.***<br>*Es **wird** schon nicht so schlimm **gewesen sein.*** |

Der Modus (Aussageweise, Plural: Modi)

Im Deutschen gibt es drei Modi. Sie werden durch bestimmte Verbformen angezeigt: **Indikativ (Wirklichkeitsform), Konjunktiv (Möglichkeitsform)** und **Imperativ (Befehlsform).**

### Indikativ

| | |
|---|---|
| Der Indikativ ist die Grund- oder Normalform sprachlicher Äußerungen. Er stellt einen Sachverhalt als gegeben dar. | *Peter **hat** das Abitur **bestanden** und **geht** jetzt auf die Universität. Schnell **sprang** das Rotkäppchen aus dem Bauch des Wolfes und die Großmutter auch.* |

### Konjunktiv

| | | |
|---|---|---|
| Nach Bildung und Verwendung unterscheidet man: | | |
| ■ Konjunktiv I, gebildet vom Präsensstamm des Verbs; | Konjunktiv I:<br>Indikativ Präsens: | *er **geh-e***<br>*er **geh-t*** |
| ■ Konjunktiv II, gebildet vom Präteritumstamm. | Konjunktiv II:<br>Indikativ Präteritum: | *er **ging-e***<br>*er **ging*** |
| Die *würde*-Form des Konjunktivs ist aus den Konjunktiv-II-Formen von *werden* und dem Infinitiv Präsens bzw. Perfekt gebildet. | *er **würde gehen**/er **würde gegangen sein*** | |

## Der Gebrauch des Konjunktivs

| **Konjunktiv I als Ausdruck des Wunsches und der Aufforderung** | |
|---|---|
| Selten; gewöhnlich nur noch in festen Formeln und Redewendungen und kaum noch in Anweisungstexten. | *Dem Himmel* ***sei*** *Dank! Er* ***lebe*** *hoch! Er* ***ruhe*** *in Frieden. Man* ***nehme:*** *...* |

| **Konjunktiv II als Ausdruck der Nichtwirklichkeit** | |
|---|---|
| ■ drückt aus, dass etwas nur vorgestellt, nicht wirklich der Fall (»irreal«) ist; | *Stell dir vor, es* ***wären*** *Ferien, ...* |
| ■ besonders häufig in »irrealen Bedingungssätzen«; | *Wenn er Zeit* ***hätte, käme*** *er mit.* |
| ■ ebenso in »irrealen Vergleichssätzen«; | *Er rannte, als wenn es um sein Leben* ***ginge.*** |
| ■ auch in höflichen Aufforderungen (in Form einer Frage) oder vorsichtigen Feststellungen. | ***Hätten*** *Sie einen Moment Zeit für mich? Ich* ***würde*** *sagen/meinen/dafür plädieren, ...* |

*Der Konjunktiv in der indirekten Rede*
Der Konjunktiv hat häufig die Funktion, indirekte Rede anzuzeigen. In der indirekten Rede wird eine Äußerung vom Standpunkt des berichtenden Sprechers aus wiedergegeben. Diese Redewiedergabe wird meist durch ein Verb des Sagens (auch Fragens) oder Denkens oder durch entsprechende Nomen eingeleitet.

**Konjunktiv I in der indirekten Rede**

Der Konjunktiv I steht in der indirekten Rede im gleichen Tempus wie der Indikativ in der entsprechenden direkten Rede.

| **Direkte Rede:** | | **Indirekte Rede:** |
|---|---|---|
| ***Kann*** *ich ins Kino gehen?* | *Sie fragt/fragte/wird fragen usw.,* | *ob sie ins Kino gehen* ***könne.*** |
| *Ich* ***habe*** *nichts* ***gesehen.****/ Ich* ***sah*** *nichts.* | *Er behauptet/behauptete/ wird behaupten usw.,* | *er* ***habe*** *nichts* ***gesehen.*** |
| *Ich* ***werde*** *nicht* ***auftreten.*** | *Er erklärt/erklärte/wird erklären usw.,* | *dass er nicht* ***auftreten werde.*** |

### Konjunktiv II in der indirekten Rede

Ist die Form des Konjunktiv I mit dem Indikativ identisch, wird in der indirekten Rede der Konjunktiv II verwendet, um Unklarheiten und Missverständnisse zu vermeiden.

*Der Minister berichtete über den Verlauf der Verhandlungen: Die Partner* ***hätten*** *intensiv miteinander gesprochen; die Gespräche* ***hätten*** *zu guten Ergebnissen geführt.*

## Imperativ

### Imperativ

- Drückt eine Aufforderung (Befehl, Verbot, Anweisung, Empfehlung, Rat, Wunsch, Bitte, Mahnung, Warnung) aus. Er tritt im Singular und im Plural und in der Höflichkeitsform mit *Sie* auf. Er wird vom Präsensstamm des Verbs gebildet.

***Komm! Kommt! Kommen Sie!***
***Beeil(e) dich! Putz(e)*** *dir die Zähne!*
***Geh(e)*** *bitte langsamer!*
***Halte/Haltet/Halten Sie*** *das bitte fest!*

- Einige starke Verben, die im Präsens zwischen *e* und *i (ie)* wechseln, bilden den Imperativ immer endungslos und mit dem Stammvokal *i (ie)*.

***Sprich*** (nicht: ***Sprech***) *lauter!*
***Lies*** (nicht: ***Les***) *das!*
***Hilf*** (nicht: ***Helf***) *mir!*

## Aktiv und Passiv (Handlungsart und Genus Verbi)

Die Verbformen **Aktiv** (Tatform) und **Passiv** (Leideform) drücken eine unterschiedliche Blickrichtung bzw. Handlungsart (Genus Verbi) aus. Von allen Verben kann ein Aktiv gebildet werden, nicht jedoch von allen ein Passiv.

### Aktiv

Im Aktiv wird das Geschehen von seinem Träger (»Täter«) her dargestellt.

*Der Vorstand* ***beschloss*** *den Spielerkauf.*
*Die Mitschüler* ***wählten*** *sie zur Klassensprecherin.*

## Vorgangspassiv (*werden*-Passiv)

Das Vorgangspassiv wird gebildet mit *werden* und dem Partizip II des betreffenden Verbs. Es stellt den Vorgang (das Geschehen, die Handlung) in den Vordergrund; der Handelnde muss nicht immer genannt werden.

*Der Motor **wurde** von den Mechanikern **ausgebaut.***
*Die Fenster **sind** vom Hausmeister **geöffnet worden.***
*Die Rechnung **wurde bezahlt.***

## Zustandspassiv (*sein*-Passiv)

Das Zustandspassiv wird gebildet mit den Formen von *sein* und dem Partizip II des betreffenden Verbs; es drückt aus, dass ein Zustand herrscht (als Folge eines vorausgegangenen Vorgangs).

*Das Gelände **ist** von Demonstranten **besetzt.***
*Die Autobahn **ist** wegen Bauarbeiten **gesperrt.***
*Der Antrag **ist** bereits **abgelehnt.***

## Passivfähige Verben

- Passivfähig sind die meisten Verben mit einer Akkusativergänzung. Die Akkusativergänzung (das Objekt) des Aktivsatzes wird im Passivsatz zum Subjekt; dem Subjekt des Aktivsatzes entspricht im Passivsatz ein Satzglied mit einer Präposition (in der Regel mit *von*).

  *Die Behörde **lehnte** den Antrag **ab.***
  *Der Antrag **wurde** von der Behörde **abgelehnt.***

- Von einigen Verben, die eine Akkusativergänzung haben, kann kein Passiv gebildet werden (*haben, besitzen, bekommen, kennen, wissen, enthalten* usw.).

  *Sie **hat** eine neue Frisur* (nicht möglich: *Eine neue Frisur **wird** von ihr **gehabt***).

- Von den intransitiven Verben können nur bestimmte Tätigkeitsverben (*helfen, lachen, tanzen, feiern, sprechen*) ein unpersönliches Passiv bilden.

  *Damit **ist** mir auch nicht **geholfen.***
  *Gestern **ist** bei uns lange **gefeiert worden.***
  *Es **wurde** viel **gelacht.***

## Andere passivartige Formen

| | |
|---|---|
| ■ *bekommen/erhalten* + Part. II (Art des Vorgangspassivs) | *Sie* ***bekam*** *einen Blumenstrauß* ***überreicht.***<br>*Er* ***erhielt*** *ein winziges Zimmer* ***zugeteilt.*** |
| ■ *sein* + Infinitiv mit *zu* (entspricht Vorgangspassiv mit *können* oder *müssen*) | *Der Motor* ***war*** *nicht mehr* ***zu reparieren.***<br>*Das Formular* ***ist*** *mit Bleistift* ***auszufüllen.*** |
| ■ *sich lassen* + Infinitiv (entspricht Vorgangspassiv mit *können*) | *Die Uhr* ***ließ*** *sich nicht mehr* ***aufziehen.*** |
| ■ Bestimmte Funktionsverbgefüge werden häufig anstelle eines Vorgangspassivs gebraucht. | *Nicht abgeholte Fundsachen* ***kommen zur Versteigerung.*** |

## *Konjugationsmuster für das Aktiv*

### 1. regelmäßige (schwache) Konjugation

| | Indikativ | Konjunktiv I | Konjunktiv II |
|---|---|---|---|
| **Präsens** | *ich frag-e<br>du frag-st<br>er<br>sie frag-t<br>es<br>wir frag-en<br>ihr frag-t<br>sie frag-en* | *ich frag-e<br>du frag-est<br>er<br>sie frag-e<br>es<br>wir frag-en<br>ihr frag-et<br>sie frag-en* | |
| **Präteritum** | *ich frag-t-e<br>du frag-t-est<br>er<br>sie frag-t-e<br>es<br>wir frag-t-en<br>ihr frag-t-et<br>sie frag-t-en* | | *ich frag-t-e<br>du frag-t-est<br>er<br>sie frag-t-e<br>es<br>wir frag-t-en<br>ihr frag-t-et<br>sie frag-t-en* |
| **Perfekt** | *ich habe gefragt<br>du hast gefragt<br>er<br>sie hat gefragt<br>es<br>wir haben gefragt<br>ihr habt gefragt<br>sie haben gefragt* | *ich habe gefragt<br>du habest gefragt<br>er<br>sie habe gefragt<br>es<br>wir haben gefragt<br>ihr habet gefragt<br>sie haben gefragt* | |
| **Plusquamperfekt** | *ich hatte gefragt<br>du hattest gefragt<br>er<br>sie hatte gefragt<br>es<br>wir hatten gefragt<br>ihr hattet gefragt<br>sie hatten gefragt* | | *ich hätte gefragt<br>du hättest gefragt<br>er<br>sie hätte gefragt<br>es<br>wir hätten gefragt<br>ihr hättet gefragt<br>sie hätten gefragt* |
| **Futur I** | *ich werde fragen<br>du wirst fragen<br>er<br>sie wird fragen<br>es<br>wir werden fragen<br>ihr werdet fragen<br>sie werden fragen* | *ich werde fragen<br>du werdest fragen<br>er<br>sie werde fragen<br>es<br>wir werden fragen<br>ihr werdet fragen<br>sie werden fragen* | |
| **Futur II** | *ich werde<br>du wirst<br>er<br>sie wird gefragt haben<br>es<br>wir werden<br>ihr werdet<br>sie werden* | *ich werde<br>du werdest<br>er<br>sie werde gefragt haben<br>es<br>wir werden<br>ihr werdet<br>sie werden* | |

**Infinitiv Präsens:** *fragen*
**Infinitiv Perfekt:** *gefragt haben*
**Partizip I:** *fragend*
**Partizip II:** *gefragt*

**Imperativ Singular:** *frag[e]!*
**Imperativ Plural:** *fragt!*
**Höflichkeitsform:** *fragen Sie!*

## 2. unregelmäßige (starke) Konjugation

| | Indikativ | Konjunktiv I | Konjunktiv II |
|---|---|---|---|
| **Präsens** | *ich komm-e*<br>*du komm-st*<br>*er*<br>*sie komm-t*<br>*es*<br>*wir komm-en*<br>*ihr komm-t*<br>*sie komm-en* | *ich komm-e*<br>*du komm-est*<br>*er*<br>*sie komm-e*<br>*es*<br>*wir komm-en*<br>*ihr komm-et*<br>*sie komm-en* | |
| **Präteritum** | *ich kam*<br>*du kam-st*<br>*er*<br>*sie kam*<br>*es*<br>*wir kam-en*<br>*ihr kam-t*<br>*sie kam-en* | | *ich käm-e*<br>*du käm-(e)st*<br>*er*<br>*sie käm-e*<br>*es*<br>*wir käm-en*<br>*ihr käm-(e)t*<br>*sie käm-en* |
| **Perfekt** | *ich bin gekommen*<br>*du bist gekommen*<br>*er*<br>*sie ist gekommen*<br>*es*<br>*wir sind gekommen*<br>*ihr seid gekommen*<br>*sie sind gekommen* | *ich sei gekommen*<br>*du sei(e)st gekommen*<br>*er*<br>*sie sei gekommen*<br>*es*<br>*wir seien gekommen*<br>*ihr seiet gekommen*<br>*sie seien gekommen* | |
| **Plusquamperfekt** | *ich war gekommen*<br>*du warst gekommen*<br>*er*<br>*sie war gekommen*<br>*es*<br>*wir waren gekommen*<br>*ihr wart gekommen*<br>*sie waren gekommen* | | *ich wäre gekommen*<br>*du wär(e)st gekommen*<br>*er*<br>*sie wäre gekommen*<br>*es*<br>*wir wären gekommen*<br>*ihr wär(e)t gekommen*<br>*sie wären gekommen* |
| **Futur I** | *ich werde kommen*<br>*du wirst kommen*<br>*er*<br>*sie wird kommen*<br>*es*<br>*wir werden kommen*<br>*ihr werdet kommen*<br>*sie werden kommen* | *ich werde kommen*<br>*du werdest kommen*<br>*er*<br>*sie werde kommen*<br>*es*<br>*wir werden kommen*<br>*ihr werdet kommen*<br>*sie werden kommen* | |
| **Futur II** | *ich werde*<br>*du wirst*<br>*er*<br>*sie wird gekommen sein*<br>*es*<br>*wir werden*<br>*ihr werdet*<br>*sie werden* | *ich werde*<br>*du werdest*<br>*er*<br>*sie werde gekommen sein*<br>*es*<br>*wir werden*<br>*ihr werdet*<br>*sie werden* | |

**Infinitiv Präsens:** *kommen*
**Infinitiv Perfekt:** *gekommen sein*
**Partizip I:** *kommend*
**Partizip II:** *gekommen*

**Imperativ Singular:** *komm!*
**Imperativ Plural:** *kommt!*
**Höflichkeitsform:** *kommen Sie!*

*Lautliche Besonderheiten:*
**e-Einschub vor der Endung** bei Verben, deren Stamm auf ***d*** oder ***t*** ausgeht: du *find-e-st,* ihr *hielt-e-t,* und bei Verben, deren Stamm auf Konsonant + *m* oder *n* (außer *lm, ln, rm, rn*) endet: du *atm-e-st,* sie *rechn-e-t* (aber: du *lern-st,* du *qualm-st*)
**s-Ausfall** bei Verben, deren Stamm auf *s, ß, ss, x* oder *z* endet: reisen – du *reist,* mixen – du *mixt,* reizen – du *reizt;* das *s* bleibt erhalten, wenn der Verbstamm auf *sch* endet: du *wäschst,* du *herrschst*
**e-Ausfall** bei den Verben auf *-eln* und *-ern* in der 1. und 3. Person Plural Präsens: handeln – wir *handeln,* sie *handeln,* ändern – wir *ändern,* sie *ändern;* bei Verben auf *-eln* meist auch in der 1. Person Singular Präsens und im Imperativ Singular: ich *handle,* ich *lächle; handle!, lächle!;* bei Verben auf *-ern* bleibt das *e* gewöhnlich erhalten: ich *ändere,* ich *wandere; ändere!, wandere!*
**Umlaut** bei den meisten unregelmäßigen Verben mit dem Stammvokal *a, au* oder *o* in der 2. und 3. Person Singular Präsens: tragen – du *trägst,* er *trägt,* laufen – du *läufst,* er *läuft,* stoßen – du *stößt,* er *stößt*
**e/i-Wechsel** bei einer Reihe von unregelmäßigen Verben in der 2. und 3. Person Singular Präsens und im Imperativ Singular: geben – du *gibst,* er *gibt; gib!,* nehmen – du *nimmst,* er *nimmt; nimm!,* sehen – du *siehst;* er *sieht; sieh!*

*Konjugationsmuster für das Passiv*
In den folgenden vereinfachten Mustern ist nur die 3. Person Singular aufgeführt; die übrigen Personalformen können leicht ergänzt werden.

| | 1. ***werden***-Passiv | | | 2. ***sein***-Passiv | | |
|---|---|---|---|---|---|---|
| | **Indikativ** | **Konjunktiv I** | **Konjunktiv II** | **Indikativ** | **Konjunktiv I** | **Konjunktiv II** |
| **Präsens** | *er/sie/es wird gefragt* | *er/sie/es werde gefragt* | | *er/sie/es ist gefragt* | *er/sie/es sei gefragt* | |
| **Präteritum** | *er/sie/es wurde gefragt* | | *er/sie/es würde gefragt* | *er/sie/es war gefragt* | | *er/sie/es wäre gefragt* |
| **Perfekt** | *er/sie/es ist gefragt worden* | *er/sie/es sei gefragt worden* | | *er/sie/es ist gefragt gewesen* | *er/sie/es sei gefragt gewesen* | |
| **Plusquamperfekt** | *er/sie/es war gefragt worden* | | *er/sie/es wäre gefragt worden* | *er/sie/es war gefragt gewesen* | | *er/sie/es wäre gefragt gewesen* |
| **Futur I** | *er/sie/es wird gefragt werden* | *er/sie/es werde gefragt werden* | | *er/sie/es wird gefragt sein* | *er/sie/es werde gefragt sein* | |
| **Futur II** | *er/sie/es wird gefragt worden sein* | *er/sie/es werde gefragt worden sein* | | *er/sie/es wird gefragt gewesen sein* | *er/sie/es werde gefragt gewesen sein* | |

*Die Konjugation der Verben* ***haben, sein*** *und* ***werden*** *und der Modalverben*
Die mehrgliedrigen Verbformen (Perfekt, Plusquamperfekt, Futur I, Futur II) werden nur beispielhaft (in der 3. Person Singular) aufgeführt.

| | 1. *haben* | | | 2. *sein* | | |
|---|---|---|---|---|---|---|
| | **Indikativ** | **Konjunktiv I** | **Konjunktiv II** | **Indikativ** | **Konjunktiv I** | **Konjunktiv II** |
| **Präsens** | *ich habe*<br>*du hast*<br>*er*<br>*sie hat*<br>*es*<br>*wir haben*<br>*ihr habt*<br>*sie haben* | *ich habe*<br>*du habest*<br>*er*<br>*sie habe*<br>*es*<br>*wir haben*<br>*ihr habet*<br>*sie haben* | | *ich bin*<br>*du bist*<br>*er*<br>*sie ist*<br>*es*<br>*wir sind*<br>*ihr seid*<br>*sie sind* | *ich sei*<br>*du sei(e)st*<br>*er*<br>*sie sei*<br>*es*<br>*wir seien*<br>*ihr seiet*<br>*sie seien* | |
| **Präteritum** | *ich hatte*<br>*du hattest*<br>*er*<br>*sie hatte*<br>*es*<br>*wir hatten*<br>*ihr hattet*<br>*sie hatten* | | *ich hätte*<br>*du hättest*<br>*er*<br>*sie hätte*<br>*es*<br>*wir hätten*<br>*ihr hättet*<br>*sie hätten* | *ich war*<br>*du warst*<br>*er*<br>*sie war*<br>*es*<br>*wir waren*<br>*ihr wart*<br>*sie waren* | | *ich wäre*<br>*du wär(e)st*<br>*er*<br>*sie wäre*<br>*es*<br>*wir wären*<br>*ihr wär(e)t*<br>*sie wären* |
| **Perfekt** | *er / sie / es hat gehabt* | *er / sie / es habe gehabt* | | *er / sie / es ist gewesen* | *er / sie / es sei gewesen* | |
| **Plusquamperfekt** | *er / sie / es hatte gehabt* | | *er / sie / es hätte gehabt* | *er / sie / es war gewesen* | | *er / sie / es wäre gewesen* |
| **Futur I** | *er / sie / es wird haben* | *er / sie / es werde haben* | | *er / sie / es wird sein* | *er / sie / es werde sein* | |
| **Futur II** | *er / sie / es wird gehabt haben* | *er / sie / es werde gehabt haben* | | *er / sie / es wird gewesen sein* | *er / sie / es werde gewesen sein* | |

**Infinitiv Präsens:** *haben*
**Infinitiv Perfekt:** *gehabt haben*
**Partizip I:** *habend*
**Partizip II:** *gehabt*
**Imperativ Singular:** *hab[e]!*
**Imperativ Plural:** *habt!*
**Höflichkeitsform:** *haben Sie!*

**Infinitiv Präsens:** *sein*
**Infinitiv Perfekt:** *gewesen sein*
**Partizip I:** *seiend*
**Partizip II:** *gewesen*
**Imperativ Singular:** *sei!*
**Imperativ Plural:** *seid!*
**Höflichkeitsform:** *seien Sie!*

### 3. *werden*

| | Indikativ | Konjunktiv I | Konjunktiv II |
|---|---|---|---|
| **Präsens** | *ich werde*<br>*du wirst*<br>*er*<br>*sie wird*<br>*es*<br>*wir werden*<br>*ihr werdet*<br>*ihr werdet* | *ich werde*<br>*du werdest*<br>*er*<br>*sie werde*<br>*es*<br>*wir werden*<br>*ihr werdet*<br>*sie werden* | |
| **Präteritum** | *ich wurde*<br>*du wurdest*<br>*er*<br>*sie wurde*<br>*es*<br>*wir wurden*<br>*ihr wurdet*<br>*sie wurden* | | *ich würde*<br>*du würdest*<br>*er*<br>*sie würde*<br>*es*<br>*wir würden*<br>*ihr würdet*<br>*sie würden* |
| **Perfekt** | *er*<br>*sie ist geworden*<br>*es* | *er*<br>*sie sei geworden*<br>*es* | |
| **Plusquamperfekt** | *er*<br>*sie war geworden*<br>*es* | | *er*<br>*sie wäre geworden*<br>*es* |
| **Futur I** | *er*<br>*sie wird werden*<br>*es* | *er*<br>*sie werde werden*<br>*es* | |
| **Futur II** | *er wird*<br>*sie geworden*<br>*es sein* | *er werde*<br>*sie geworden*<br>*es sein* | |

**Infinitiv Präsens:** *werden*
**Infinitiv Perfekt:** *(ge)worden sein*
**Partizip I:** *werdend*
**Partizip II:** *(Vollverb:) geworden*
**Partizip II:** *(Hilfsverb:) worden*

**Imperativ Singular:** *werd[e]!*
**Imperativ Plural:** *werdet!*
**Höflichkeitsform:** *werden Sie!*

4. Modalverben und *wissen:*
Die mehrgliedrigen Formen werden mit *haben* (Perfekt, Plusquamperfekt) bzw. *werden* (Futur I, Futur II) gebildet.

| | | ***dürfen*** | ***können*** | ***mögen*** | ***müssen*** | ***sollen*** | ***wollen*** | ***wissen*** |
|---|---|---|---|---|---|---|---|---|
| Indikativ Präsens | *ich* | *darf* | *kann* | *mag* | *muss* | *soll* | *will* | *weiß* |
| | *du* | *darfst* | *kannst* | *magst* | *musst* | *sollst* | *willst* | *weißt* |
| | *er* | | | | | | | |
| | *sie* | *darf* | *kann* | *mag* | *muss* | *soll* | *will* | *weiß* |
| | *es* | | | | | | | |
| | *wir* | *dürfen* | *können* | *mögen* | *müssen* | *sollen* | *wollen* | *wissen* |
| | *ihr* | *dürft* | *könnt* | *mögt* | *müsst* | *sollt* | *wollt* | *wisst* |
| | *sie* | *dürfen* | *können* | *mögen* | *müssen* | *sollen* | *wollen* | *wissen* |
| Konjunktiv I | *ich* | *dürfe* | *könne* | *möge* | *müsse* | *solle* | *wolle* | *wisse* |
| | *du* | *dürfest* | *könnest* | *mögest* | *müssest* | *sollest* | *wollest* | *wissest* |
| | *er* | | | | | | | |
| | *sie* | *dürfe* | *könne* | *möge* | *müsse* | *solle* | *wolle* | *wisse* |
| | *es* | | | | | | | |
| | *wir* | *dürfen* | *können* | *mögen* | *müssen* | *sollen* | *wollen* | *wissen* |
| | *ihr* | *dürfet* | *könnet* | *möget* | *müsset* | *sollet* | *wollet* | *wisset* |
| | *sie* | *dürfen* | *können* | *mögen* | *müssen* | *sollen* | *wollen* | *wissen* |
| Indikativ Präteritum | *ich* | *durfte* | *konnte* | *mochte* | *musste* | *sollte* | *wollte* | *wusste* |
| | *du* | *durftest* | *konntest* | *mochtest* | *musstest* | *solltest* | *wolltest* | *wusstest* |
| | *er* | | | | | | | |
| | *sie* | *durfte* | *konnte* | *mochte* | *musste* | *sollte* | *wollte* | *wusste* |
| | *es* | | | | | | | |
| | *wir* | *durften* | *konnten* | *mochten* | *mussten* | *sollten* | *wollten* | *wussten* |
| | *ihr* | *durftet* | *konntet* | *mochtet* | *musstet* | *solltet* | *wolltet* | *wusstet* |
| | *sie* | *durften* | *konnten* | *mochten* | *mussten* | *sollten* | *wollten* | *wussten* |
| Konjunktiv II | *ich* | *dürfte* | *könnte* | *möchte* | *müsste* | *sollte* | *wollte* | *wüsste* |
| | *du* | *dürftest* | *könntest* | *möchtest* | *müsstest* | *solltest* | *wolltest* | *wüsstest* |
| | *er* | | | | | | | |
| | *sie* | *dürfte* | *könnte* | *möchte* | *müsste* | *sollte* | *wollte* | *wüsste* |
| | *es* | | | | | | | |
| | *wir* | *dürften* | *könnten* | *möchten* | *müssten* | *sollten* | *wollten* | *wüssten* |
| | *ihr* | *dürftet* | *könntet* | *möchtet* | *müsstet* | *solltet* | *wolltet* | *wüsstet* |
| | *sie* | *dürften* | *könnten* | *möchten* | *müssten* | *sollten* | *wollten* | *wüssten* |

Partizip II: *gedurft, gekonnt, gemocht, gemusst, gesollt, gewollt, gewusst*

## Die gebräuchlichsten unregelmäßigen Verben

Verben mit Präfix werden nur in Ausnahmefällen aufgeführt; in der Regel sind ihre Formen unter dem entsprechenden einfachen Verb nachzuschlagen. Bei der 1. Stammform wird die 2. Person Singular Präsens hinzugesetzt, wenn Umlaut oder *e/i*-Wechsel auftritt; bei der 2. Stammform wird der Konjunktiv II angegeben, wenn er einen Umlaut aufweist; bei der 3. Stammform wird deutlich gemacht, ob das Perfekt mit *haben* oder *sein* gebildet wird.

| 1. Stammform (Infinitiv) | 2. Stammform (Präteritum) | 3. Stammform (Partizip II) |
|---|---|---|
| *backen*<br>*du bäckst/backst* | *backte/buk*<br>*büke* | *hat gebacken* |
| *befehlen*<br>*du befiehlst* | *befahl*<br>*beföhle/befähle* | *hat befohlen* |
| *beginnen* | *begann*<br>*begänne/begönne* | *hat begonnen* |
| *beißen* | *biss* | *hat gebissen* |
| *bergen*<br>*du birgst* | *barg*<br>*bärge* | *hat geborgen* |
| *bersten*<br>*du birst* | *barst*<br>*bärste* | *ist geborsten* |
| *bewegen (zu etw.)* | *bewog*<br>*bewöge* | *hat bewogen* |
| *biegen* | *bog*<br>*böge* | *hat/ist gebogen* |
| *bieten* | *bot*<br>*böte* | *hat geboten* |
| *binden* | *band*<br>*bände* | *hat gebunden* |
| *bitten* | *bat*<br>*bäte* | *hat gebeten* |
| *blasen*<br>*du bläst* | *blies* | *hat geblasen* |
| *bleiben* | *blieb* | *ist geblieben* |

| 1. Stammform (Infinitiv) | 2. Stammform (Präteritum) | 3. Stammform (Partizip II) |
|---|---|---|
| *braten*<br>*du brätst* | *briet* | *hat gebraten* |
| *brechen*<br>*du brichst* | *brach*<br>*bräche* | *hat/ist gebrochen* |
| *brennen* | *brannte*<br>*brennte* | *hat gebrannt* |
| *bringen* | *brachte*<br>*brächte* | *hat gebracht* |
| *denken* | *dachte*<br>*dächte* | *hat gedacht* |
| *dringen* | *drang*<br>*dränge* | *hat/ist gedrungen* |
| *dürfen* | *durfte*<br>*dürfte* | *hat gedurft* |
| *empfangen*<br>*du empfängst* | *empfing* | *hat empfangen* |
| *empfehlen*<br>*du empfiehlst* | *empfahl*<br>*empföhle/ empfähle* | *hat empfohlen* |
| *erlöschen*<br>*du erlischst* | *erlosch*<br>*erlösche* | *ist erloschen* |
| *erschrecken (vor etw.)*<br>*du erschrickst* | *erschrak*<br>*erschräke* | *ist erschrocken* |
| *essen*<br>*du isst* | *aß*<br>*äße* | *hat gegessen* |

| 1. Stammform (Infinitiv) | 2. Stammform (Präteritum) | 3. Stammform (Partizip II) |
|---|---|---|
| *fahren*<br>*du fährst* | *fuhr*<br>*führe* | *hat/ist gefahren* |
| *fallen*<br>*du fällst* | *fiel* | *ist gefallen* |
| *fangen*<br>*du fängst* | *fing* | *hat gefangen* |
| *fechten*<br>*du fichtst* | *focht*<br>*föchte* | *hat gefochten* |
| *finden* | *fand*<br>*fände* | *hat gefunden* |
| *flechten*<br>*du flichtst* | *flocht*<br>*flöchte* | *hat geflochten* |
| *fliegen* | *flog*<br>*flöge* | *hat/ist geflogen* |
| *fliehen* | *floh*<br>*flöhe* | *ist geflohen* |
| *fließen* | *floss*<br>*flösse* | *ist geflossen* |
| *fressen*<br>*du frisst* | *fraß*<br>*fräße* | *hat gefressen* |
| *frieren* | *fror*<br>*fröre* | *hat gefroren* |
| *gären* | *gor/gärte*<br>*göre/gärte* | *hat/ist gegoren* |
| *gebären*<br>*du gebierst/gebärst* | *gebar/gebärte*<br>*gebäre* | *hat geboren* |
| *geben*<br>*du gibst* | *gab*<br>*gäbe* | *hat gegeben* |
| *gedeihen* | *gedieh* | *ist gediehen* |
| *gehen* | *ging* | *ist gegangen* |
| *gelingen* | *gelang*<br>*gelänge* | *ist gelungen* |
| *gelten*<br>*du giltst* | *galt*<br>*gälte/gölte* | *hat gegolten* |
| *genießen* | *genoss*<br>*genösse* | *hat genossen* |

| 1. Stammform (Infinitiv) | 2. Stammform (Präteritum) | 3. Stammform (Partizip II) |
|---|---|---|
| *geschehen*<br>*es geschieht* | *geschah*<br>*geschähe* | *ist geschehen* |
| *gewinnen* | *gewann*<br>*gewänne/gewönne* | *hat gewonnen* |
| *gießen* | *goss*<br>*gösse* | *hat gegossen* |
| *gleichen* | *glich* | *hat geglichen* |
| *gleiten* | *glitt* | *ist geglitten* |
| *glimmen* | *glomm/glimmte*<br>*glömme* | *hat geglommen/*<br>*geglimmt* |
| *graben*<br>*du gräbst* | *grub*<br>*grübe* | *hat gegraben* |
| *greifen* | *griff* | *hat gegriffen* |
| *haben* | *hatte*<br>*hätte* | *hat gehabt* |
| *halten*<br>*du hältst* | *hielt* | *hat gehalten* |
| *hängen (irgendwo)* | *hing* | *hat gehangen* |
| *hauen* | *haute/hieb* | *hat gehauen* |
| *heben* | *hob*<br>*höbe* | *hat gehoben* |
| *heißen* | *hieß* | *hat geheißen* |
| *helfen*<br>*du hilfst* | *half*<br>*hülfe/hälfe* | *hat geholfen* |
| *kennen* | *kannte*<br>*kennte* | *hat gekannt* |
| *klingen* | *klang*<br>*klänge* | *hat geklungen* |
| *kneifen* | *kniff* | *hat gekniffen* |
| *kommen* | *kam*<br>*käme* | *ist gekommen* |
| *können* | *konnte*<br>*könnte* | *hat gekonnt* |
| *kriechen* | *kroch*<br>*kröche* | *ist gekrochen* |

| 1. Stammform (Infinitiv) | 2. Stammform (Präteritum) | 3. Stammform (Partizip II) |
|---|---|---|
| *laden*<br>*du lädst* | *lud*<br>*lüde* | *hat geladen* |
| *lassen*<br>*du lässt* | *ließ* | *hat gelassen* |
| *laufen*<br>*du läufst* | *lief* | *ist gelaufen* |
| *leiden* | *litt* | *hat gelitten* |
| *leihen* | *lieh* | *hat geliehen* |
| *lesen*<br>*du liest* | *las*<br>*läse* | *hat gelesen* |
| *liegen* | *lag*<br>*läge* | *hat gelegen* |
| *lügen* | *log*<br>*löge* | *hat gelogen* |
| *mahlen* | *mahlte* | *hat*<br>*gemahlen* |
| *meiden* | *mied* | *hat gemieden* |
| *messen*<br>*du misst* | *maß*<br>*mäße* | *hat gemessen* |
| *misslingen* | *misslang*<br>*misslänge* | *ist misslungen* |
| *mögen* | *mochte*<br>*möchte* | *hat gemocht* |
| *müssen* | *musste*<br>*müsste* | *hat gemusst* |
| *nehmen*<br>*du nimmst* | *nahm*<br>*nähme* | *hat genommen* |
| *nennen* | *nannte*<br>*nennte* | *hat genannt* |
| *pfeifen* | *pfiff* | *hat*<br>*gepfiffen* |
| *preisen*<br>(„loben“) | *pries* | *hat gepriesen* |
| *quellen*<br>*du quillst* | *quoll*<br>*quölle* | *ist gequollen* |
| *raten*<br>*du rätst* | *riet* | *hat geraten* |
| *reiben* | *rieb* | *hat*<br>*gerieben* |

| 1. Stammform (Infinitiv) | 2. Stammform (Präteritum) | 3. Stammform (Partizip II) |
|---|---|---|
| *reißen* | *riss* | *hat/ist*<br>*gerissen* |
| *reiten* | *ritt* | *hat/ist geritten* |
| *rennen* | *rannte*<br>*rennte* | *ist gerannt* |
| *riechen* | *roch*<br>*röche* | *hat gerochen* |
| *ringen* | *rang*<br>*ränge* | *hat gerungen* |
| *rinnen* | *rann*<br>*ränne/rönne* | *ist geronnen* |
| *rufen* | *rief* | *hat gerufen* |
| *saufen*<br>*du säufst* | *soff*<br>*söffe* | *hat gesoffen* |
| *schaffen* | *schuf/schaffte*<br>*schüfe* | *hat geschaffen/*<br>*geschafft* |
| *scheiden* | *schied* | *hat/ist geschieden* |
| *scheinen* | *schien* | *hat geschienen* |
| *scheißen* | *schiss* | *hat geschissen* |
| *schelten*<br>*du schiltst* | *schalt*<br>*schölte* | *hat gescholten* |
| *schieben* | *schob*<br>*schöbe* | *hat geschoben* |
| *schießen* | *schoss*<br>*schösse* | *hat/ist geschossen* |
| *schlafen*<br>*du schläfst* | *schlief* | *hat geschlafen* |
| *schlagen*<br>*du schlägst* | *schlug*<br>*schlüge* | *hat geschlagen* |
| *schleichen* | *schlich* | *ist geschlichen* |
| *schleifen* | *schliff* | *hat geschliffen* |
| *schließen* | *schloss*<br>*schlösse* | *hat geschlossen* |
| *schlingen* | *schlang*<br>*schlänge* | *hat geschlungen* |
| *schmeißen* | *schmiss* | *hat geschmissen* |
| *schmelzen*<br>*(von selbst)*<br>*du schmilzt* | *schmolz*<br>*schmölze* | *ist geschmolzen* |
| *schneiden* | *schnitt* | *hat geschnitten* |

| 1. Stammform (Infinitiv) | 2. Stammform (Präteritum) | 3. Stammform (Partizip II) |
|---|---|---|
| *schreiben* | *schrieb* | *hat geschrieben* |
| *schreien* | *schrie* | *hat geschrien* |
| *schreiten* | *schritt* | *ist geschritten* |
| *schweigen* | *schwieg* | *hat geschwiegen* |
| *schwimmen* | *schwamm*<br>*schwämme/*<br>*schwömme* | *hat/ist*<br>*geschwommen* |
| *schwinden* | *schwand*<br>*schwände* | *ist geschwunden* |
| *schwingen* | *schwang*<br>*schwänge* | *hat geschwungen* |
| *schwören* | *schwor*<br>*schwöre/schwüre* | *hat geschworen* |
| *sehen*<br>*du siehst* | *sah*<br>*sähe* | *hat gesehen* |
| *sein* | *war*<br>*wäre* | *ist gewesen* |
| *senden* | *sandte*<br>*sendete* | *hat gesandt/*<br>*gesendet* |
| *singen* | *sang*<br>*sänge* | *hat gesungen* |
| *sinken* | *sank*<br>*sänke* | *ist gesunken* |
| *sinnen* | *sann*<br>*sänne/sönne* | *hat gesonnen* |
| *sitzen* | *saß*<br>*säße* | *hat gesessen* |
| *sollen* | *sollte* | *hat gesollt* |
| *spalten* | *spaltete* | *hat gespalten* |
| *speien* | *spie* | *hat gespien* |
| *sprechen*<br>*du sprichst* | *sprach*<br>*spräche* | *hat gesprochen* |
| *sprießen* | *spross*<br>*sprösse* | *ist gesprossen* |
| *springen* | *sprang*<br>*spränge* | *ist gesprungen* |
| *stechen*<br>*du stichst* | *stach*<br>*stäche* | *hat gestochen* |

| 1. Stammform (Infinitiv) | 2. Stammform (Präteritum) | 3. Stammform (Partizip II) |
|---|---|---|
| *stecken* („sich in etwas befinden“) | *steckte/stak*<br>*stäke* | *hat gesteckt* |
| *stehen* | *stand*<br>*stünde/stände* | *hat gestanden* |
| *stehlen*<br>*du stiehlst* | *stahl*<br>*stähle* | *hat gestohlen* |
| *steigen* | *stieg* | *ist gestiegen* |
| *sterben*<br>*du stirbst* | *starb*<br>*stürbe* | *ist gestorben* |
| *stinken* | *stank*<br>*stänke* | *hat gestunken* |
| *stoßen*<br>*du stößt* | *stieß* | *hat/ist gestoßen* |
| *streichen* | *strich* | *hat gestrichen* |
| *streiten* | *stritt* | *hat gestritten* |
| *tragen*<br>*du trägst* | *trug*<br>*trüge* | *hat getragen* |
| *treffen*<br>*du triffst* | *traf*<br>*träfe* | *hat getroffen* |
| *treiben* | *trieb* | *hat getrieben* |
| *treten*<br>*du trittst* | *trat*<br>*träte* | *hat/ist getreten* |
| *trinken* | *trank*<br>*tränke* | *hat getrunken* |
| *trügen* | *trog*<br>*tröge* | *hat getrogen* |
| *tun* | *tat*<br>*täte* | *hat getan* |
| *verderben*<br>*du verdirbst* | *verdarb*<br>*verdürbe* | *hat/ist verdorben* |
| *vergessen*<br>*du vergisst* | *vergaß*<br>*vergäße* | *hat vergessen* |
| *verlieren* | *verlor*<br>*verlöre* | *hat verloren* |
| *verlöschen*<br>*du verlischst* | *verlosch*<br>*verlösche* | *ist verloschen* |
| *wachsen*<br>*du wächst* | *wuchs*<br>*wüchse* | *ist gewachsen* |

| 1. Stammform (Infinitiv) | 2. Stammform (Präteritum) | 3. Stammform (Partizip II) |
|---|---|---|
| *waschen*<br>*du wäschst* | *wusch*<br>*wüsche* | *hat gewaschen* |
| *weben* | *wob/webte*<br>*wöbe/webte* | *hat gewoben* |
| *weichen* | *wich* | *ist gewichen* |
| *weisen* | *wies* | *hat gewiesen* |
| *wenden* | *wandte/wendete*<br>*wendete* | *hat gewandt/ gewendet* |
| *werben*<br>*du wirbst* | *warb*<br>*würbe* | *hat geworben* |
| *werden*<br>*du wirst* | *wurde*<br>*würde* | *ist geworden* |
| *werfen*<br>*du wirfst* | *warf*<br>*würfe* | *hat geworfen* |
| *wiegen* („Gewicht bestimmen") | *wog*<br>*wöge* | *hat gewogen* |
| *winden* | *wand*<br>*wände* | *hat gewunden* |
| *wissen* | *wusste*<br>*wüsste* | *hat gewusst* |
| *wollen* | *wollte* | *hat gewollt* |
| *ziehen* | *zog*<br>*zöge* | *hat/ist gezogen* |
| *zwingen* | *zwang*<br>*zwänge* | *hat gezwungen* |

## Nomen (Nomina, Substantive, Hauptwörter)

Nomen machen den bei Weitem größten Teil des Wortschatzes aus, und sie können auf vielfältige Weise zu neuen Wörtern zusammengesetzt werden. Wörter aller anderen Wortarten können nominalisiert (substantiviert) werden. Nomen haben in der Regel ein festes Genus. Sie verändern sich aber nach Numerus (Zahl) und Kasus (Fall). Man unterscheidet:

| | |
|---|---|
| **1. Eigennamen** | *Anna, Neumann, Japan, Rom, Goethehaus, Feldberg* |
| **2. Gattungsbezeichnungen** | *Mensch, Frau, Freund, Katze, Rose, Stern, Haus, Tisch* |
| ■ Konkreta | *Tisch, Lampe, Tulpe, Rose, Auto, Hammer, Werkstatt, Schiedsrichter* |
| ■ Abstrakta | *Angst, Erinnerung, Krankheit, Länge, Unterschied, Zeit* |
| **3. Stoffbezeichnungen** | *Stahl, Silber, Holz, Leder, Leinen, Wolle, Öl, Fleisch* |

### Die Deklinationsarten

Im Satz treten die Nomen in verschiedenen Kasus auf, und sie können – in der Regel – Singular (Einzahl) und Plural (Mehrzahl) bilden. Sie werden also nach Kasus (Fall) und Numerus (Zahl) dekliniert. Nach den Formen des Genitivs Singular und der Bildung des Plurals unterscheidet man starke, schwache und gemischte Deklination:

| **Starke Deklination** | | **Maskulinum** | **Femininum** | **Neutrum** |
|---|---|---|---|---|
| Der Genitiv Singular der maskulinen und neutralen Nomen endet auf *-es/-s.* | **Nominativ** | *der Vogel* | *die Nacht* | *das Bild* |
| | **Genitiv** | *des Vogel-s* | *der Nacht* | *des Bild-(-e)s* |
| | **Dativ** | *dem Vogel* | *der Nacht* | *dem Bild(-e)* |
| | **Akkusativ** | *den Vogel* | *die Nacht* | *das Bild* |

| | |
|---|---|
| *-es* steht: | |
| ■ bei Nomen auf *-s, -ß, -ss, -x, -z, -tz* | *des Hauses, des Fußes, des Fasses, des Komplexes, des Schmerzes, des Gesetzes* |
| ■ häufig bei einsilbigen Nomen mit Konsonant am Ende | *des Bild(e)s, des Raum(e)s, des Buch(e)s, des Stuhl(e)s* |
| ■ häufig bei mehrsilbigen Nomen mit Endbetonung und bei Zusammensetzungen mit Fugen-**s** | *des Betrag(e)s, des Besuch(e)s, des Arbeitsplan(e)s* |
| *-s* steht: | |
| ■ immer bei Nomen auf *-el, -em, -en, -er, -chen, -lein* | *des Vogels, des Atems, des Gartens, des Lehrers, des Mädchens, des Bäumleins* |
| ■ meist bei Nomen mit Vokal *(+ h)* am Ende | *des Knies, des Neubaus, des Schuhs* |
| ■ meist bei mehrsilbigen Nomen ohne Endbetonung | *des Monats, des Antrags, des Urlaubs* |
| Dativ-*e:* | |
| ■ heute nur noch ganz selten | *am nächsten **Tag(e),** auf dem **Weg(e)*** |
| ■ noch in bestimmten festen Wendungen | *in diesem **Sinne,** im **Laufe** der Zeit, im **Grunde*** |

| | | | | |
|---|---|---|---|---|
| Der Plural wird meistens durch Endungen und manchmal durch Umlaut angezeigt. | **Nominativ** | *die Vögel* | *die Nächt-**e*** | *die Bild-**er*** |
| | **Genitiv** | *der Vögel* | *der Nächt-**e*** | *der Bild-**er*** |
| | **Dativ** | *den Vögel-**n*** | *den Nächt-**en*** | *den Bild-**ern*** |
| | **Akkusativ** | *die Vögel* | *die Nächt-**e*** | *die Bild-**er*** |

| **Schwache Deklination** | | **Maskulinum** | **Femininum** |
|---|---|---|---|
| (keine Neutra): Der Singular der Maskulina endet (außer im Nominativ) auf *-en*. | **Nominativ** | *der Mensch* | *die Frau* |
| | **Genitiv** | *des Mensch-**en*** | *der Frau* |
| | **Dativ** | *dem Mensch-**en*** | *der Frau* |
| | **Akkusativ** | *den Mensch-**en*** | *die Frau* |
| Im Plural steht nur *-en*. | **Nominativ** | *die Mensch-**en*** | *die Frau-**en*** |
| | **Genitiv** | *der Mensch-**en*** | *der Frau-**en*** |
| | **Dativ** | *den Mensch-**en*** | *den Frau-**en*** |
| | **Akkusativ** | *die Mensch-**en*** | *die Frau-**en*** |

| **Gemischte Deklination** | | **Singular** | **Plural** |
|---|---|---|---|
| Einige maskuline und neutrale Nomen *(Auge, Ohr, Doktor* u. a.) werden im Singular stark und im Plural schwach dekliniert. | **Nominativ** | *der Staat* | *die Staat-**en*** |
| | **Genitiv** | *des Staat-**(e)s*** | *der Staat-**en*** |
| | **Dativ** | *dem Staat**(-e)*** | *den Staat-**en*** |
| | **Akkusativ** | *den Staat* | *die Staat-**en*** |

*Deklinationsmuster*

| | Maskulina | | | |
|---|---|---|---|---|
| | **Kasus** | **stark** | **schwach** | **gemischt** |
| **Singular** | **Nominativ:** wer oder was? | *der Tag* | *der Fürst* | *der Staat* |
| | **Genitiv:** wessen? | *des Tag-**(e)s*** | *des Fürst-**en*** | *des Staat-**(e)s*** |
| | **Dativ:** wem? | *dem Tag**(-e)**** | *dem Fürst-**en*** | *dem Staat**(-e)**** |
| | **Akkusativ:** wen oder was? | *den Tag* | *den Fürst-**en*** | *den Staat* |
| **Plural** | **Nominativ:** wer oder was? | *die Tag-**e*** | *die Fürst-**en*** | *die Staat-**en*** |
| | **Genitiv:** wessen? | *der Tag-**e*** | *der Fürst-**en*** | *der Staat-**en*** |
| | **Dativ:** wem? | *den Tag-**en*** | *den Fürst-**en*** | *den Staat-**en*** |
| | **Akkusativ:** wen oder was? | *die Tag-**e*** | *die Fürst-**en*** | *die Staat-**en*** |
| **Merkmale** | | im Genitiv Singular: -***(e)s***<br>im Dativ Plural: -***(e)n***<br><br>Pluralklassen:<br>***-e:*** *der Tisch, die Tische*<br>***-e,*** umgelautet: *der Bart, die Bärte*<br>***-er:*** *der Geist, die Geister*<br>***-er,*** umgelautet: *der Wald, die Wälder*<br>- (endungslos): *der Balken, die Balken*<br>- (endungslos) umgelautet:<br>*der Faden, die Fäden*<br>***-s:*** *der Uhu, die Uhus* | im Singular: in allen Fällen außer dem Nominativ ***-en***<br><br>im Plural: in allen Fällen -***(e)n*** | im Genitiv Singular: -***(e)s***<br><br>im Plural: -***(e)n*** |

* Die Endung ***-e*** im Dativ Singular kommt heute nur noch selten vor.

| | Feminina | | | |
|---|---|---|---|---|
| | **Kasus** | **stark** | **schwach** | **gemischt** |
| Singular | **Nominativ:** wer oder was? | *die Mutter* | *die Rose* | – |
| | **Genitiv:** wessen? | *der Mutter* | *der Rose* | – |
| | **Dativ:** wem? | *der Mutter* | *der Rose* | – |
| | **Akkusativ:** wen oder was? | *die Mutter* | *die Rose* | – |
| Plural | **Nominativ:** wer oder was? | *die Mütter* | *die Rose-**n*** | – |
| | **Genitiv:** wessen? | *der Mütter* | *der Rose-**n*** | – |
| | **Dativ:** wem? | *den Mütter-**n*** | *den Rose-**n*** | – |
| | **Akkusativ:** wen oder was? | *die Mütter* | *die Rose-**n*** | – |
| **Merkmale** | | im Singular: - *(endungslos)*<br>im Dativ Plural: -***n***<br><br>Pluralklassen:<br>***-e:*** *die Drangsal, die Drangsale*<br>***-e,*** umgelautet: *die Kraft, die Kräfte*<br>- (endungslos) umgelautet: *die Tochter, die Töchter*<br>***-s:*** *die Kamera, die Kameras* | im Singular:<br>- (endungslos)<br>im Plural:<br>***-(e)n*** | |

| | Neutra | | | |
|---|---|---|---|---|
| | **Kasus** | **stark** | **schwach** | **gemischt** |
| **Singular** | **Nominativ:** wer oder was? | *das Jahr* | – | *das Ohr* |
| | **Genitiv:** wessen? | *des Jahr-**(e)s*** | – | *des Ohr-**(e)s*** |
| | **Dativ:** wem? | *dem Jahr**(-e)**** | – | *dem Ohr**(-e)**** |
| | **Akkusativ:** wen oder was? | *das Jahr* | – | *das Ohr* |
| **Plural** | **Nominativ:** wer oder was? | *die Jahr-**e*** | – | *die Ohr-**en*** |
| | **Genitiv:** wessen? | *der Jahr-**e*** | – | *der Ohr-**en*** |
| | **Dativ:** wem? | *den Jahr-**en*** | – | *den Ohr-**en*** |
| | **Akkusativ:** wen oder was? | *die Jahr-**e*** | – | *die Ohr-**en*** |
| **Merkmale** | | im Genitiv Singular: ***-(e)s***<br>im Dativ Plural: ***-(e)n***<br>Pluralklassen:<br>***-e:*** *das Pferd, die Pferde*<br>***-e,*** umgelautet: *das Floß, die Flöße*<br>***-er:*** *das Kind, die Kinder*<br>***-er,*** umgelautet: *das Dach, die Dächer*<br>– (endungslos): *das Messer, die Messer*<br>– (endungslos) umgelautet: *das Kloster, die Klöster*<br>***-s:*** *das Echo, die Echos* | | im Genitiv Singular: -***(e)s***<br>im Plural: -***en*** |

* Die Endung -***e*** im Dativ Singular kommt heute nur noch selten vor.

Zur Deklination der Personennamen vgl. die folgende Tabelle:

| | ohne Artikel | mit Artikel |
|---|---|---|
| **ein Name** | mit **-s** im Genitiv<br>*die Rede Meiers* | ohne **-s** im Genitiv<br>*die Rede des Meier* |
| **mehrere Namen** | nur der letzte mit **-s** im Genitiv<br>*die Rede Horst Meiers* | ohne **-s** im Genitiv<br>*die Rede des Horst Meier* |
| **ein Titel o. Ä. + Name** | der Name wird dekliniert<br>*die Rede Direktor Meiers* | der Titel wird dekliniert<br>*die Rede des Direktors Meier* |
| **mehrere Titel o. Ä. + Name** | der Name wird dekliniert<br>*die Rede Direktor Professor Meiers* | nur der 1. Titel wird dekliniert<br>*die Rede des Direktors Professor Meier* |
| ***Herr* (+ Titel) + Name** | ***Herr*** und der Name werden dekliniert<br>*die Rede Herrn Meiers* | ***Herr*** wird dekliniert<br>*die Rede des Herrn Direktor Meier* |
| ***Doktor* (Dr.) + Name** | ***Dr.*** wird nicht dekliniert<br>*die Rede Doktor Meiers* | ***Dr.*** wird nicht dekliniert<br>*die Rede des Doktor Meier* |

| | |
|---|---|
| Geografische Namen erhalten, soweit sie maskulin oder neutral sind, im Genitiv die Endung *-s*, wenn sie ohne Artikel gebraucht werden. | *die Einheit **Deutschlands**, **Schwedens** Königin, die Nationalmannschaft **Uruguays**, die Geschichte **Roms*** |

## Singular und Plural (Einzahl und Mehrzahl)

**Singular:** Aufgrund ihrer Bedeutung nur im Singular stehen können:

| | |
|---|---|
| viele Abstrakta | *Adel, Epik, Hitze, Kälte, Mannschaftsgeist* |
| Stoffbezeichnungen (außer in Fachsprachen) | *Gold, Stahl, Blei (technisch auch: Stähle, Bleie)* |

**Plural:** Es gibt verschiedene Arten, den Plural zu bilden. Manche Nomen kommen nur im Plural vor (z. B. *Einkünfte, Ferien, Kosten*).

Mit doppelten Pluralformen werden häufig verschiedene Bedeutungen des Wortes unterschieden, z. B. *Bank – Bänke* (Sitzgelegenheiten), *Banken* (Geldinstitute); besondere Pluralformen haben viele Fremdwörter aus dem Griechischen, Lateinischen und Italienischen (z. B. *das Stadion – die Stadien, das Praktikum – die Praktika, das Album – die Alben, das Cello – die Celli*).

| | | |
|---|---|---|
| **-en** | *die Frau, der Mensch* | *die Frauen, die Menschen* |
| **-n** | *der Bote, die Nadel* | *die Boten, die Nadeln* |
| **-e** | *der Tag, das Brot* | *die Tage, die Brote* |
| **-e** + Umlaut | *die Nacht, der Sohn* | *die Nächte, die Söhne* |
| – | *der Zettel, das Segel* | *die Zettel, die Segel* |
| Umlaut | *der Vogel, der Garten* | *die Vögel, die Gärten* |
| **-er** | *das Bild, das Feld* | *die Bilder, die Felder* |
| **-er** + Umlaut | *der Wald, das Haus* | *die Wälder, die Häuser* |
| **-s** | *das Auto, der Park* | *die Autos, die Parks* |

## Das Genus (das grammatische Geschlecht)

Jedes Nomen hat ein bestimmtes Genus. Es ist entweder maskulin (männlich), feminin (weiblich) oder neutral (sächlich). Einige Nomen haben schwankendes Genus (z. B. *der/das Barock*). Bei manchen Nomen zeigt verschiedenes Genus unterschiedliche Bedeutungen an (z. B. *der Band, die Bände* ‹–› *das Band, die Bänder*).

Das Genus ist am bestimmten Artikel *(der, die, das)* zu erkennen.

maskulin: *der Baum, der Apfel, der Ball*
feminin: *die Tanne, die Birne, die Uhr*
neutral: *das Holz, das Obst, das Blei*

## Die Wortbildung des Nomens

### 1. Zusammensetzungen

| | |
|---|---|
| Das Genus des Grundwortes legt das Genus des ganzen zusammengesetzten Nomens fest (z. B. die Haus*tür*). | Nomen + Nomen:<br>*die Haus-tür, der Hof-hund*<br>Verb + Nomen:<br>*die Kehr-woche, der Mal-kasten*<br>Adjektiv + Nomen:<br>*der Hoch-altar, das Blau-licht* |
| Bestimmungswort und (seltener) Grundwort können mehrgliedrig sein. | *Um welt schutz organisation* |
| Bei einem Teil der Zusammensetzungen werden zwischen die Bestandteile bestimmte Laute bzw. Buchstaben eingefügt (Fugenzeichen). | ***-(e)s*** *Geburtstag, Liebesdienst, Arbeitsplatz*<br>***-e*** *Hundehütte, Mauseloch, Lesebuch, Wartesaal*<br>***-(e)n*** *Nummernschild, Taschentuch, Strahlenschutz*<br>***-er*** *Rinderbraten* |

### 2. Ableitungen

| | |
|---|---|
| mithilfe von Präfixen (Vorsilben) aus Nomen | *Miss-erfolg, Un-sinn, Anti-teilchen*<br>*Ex-kanzler, Poly-technikum*<br>*Pseudo-krupp* |
| mithilfe von Suffixen (Nachsilben) aus anderen Wörtern | *landen → Landung, retten → Rettung*<br>*schön → Schönheit, heiter → Heiterkeit*<br>*reiten → Reiter, bohren → Bohrer*<br>*Lehrer → Lehrerin* |

### 3. Kurzformen

| | |
|---|---|
| Kurzwörter | *Rad ← Fahrrad; Krimi ← Kriminalroman* |
| Abkürzungswörter | *Kripo ← Kriminalpolizei*<br>*Juso ← Jungsozialist(in)* |
| Buchstabenabkürzungen | *Ufo ← unbekanntes Flugobjekt* |

### 4. Nominalisierung

| | |
|---|---|
| des Verbs | *das **Rauschen** des Flusses, der **Lauf** des Baches* |
| des Adjektivs | *das **Blau** des Himmels*<br>*alles **Liebe** zum Geburtstag* |
| von unflektierbaren Wörtern | *vergiss das **Gestern*** |

### Die Apposition (Beisatz)

Ein Nomen oder eine Wortgruppe um ein Nomen kann durch ein weiteres Nomen oder eine Nominalgruppe als Attribut näher bestimmt werden. Dieses Attribut nennt man Apposition. Die Apposition steht in der Regel im gleichen Kasus wie das Bezugswort.

| Appositionen | |
|---|---|
| Vornamen, Beinamen, Bezeichnungen des Berufs, Titel u. Ä. | ***Peter*** *Müller; er spricht über Karl* ***den Großen;*** ***Dr.*** *Schmidt;* ***Onkel*** *Theo* |
| nähere Bestimmungen für Mengen | *ein Glas* ***Wein;*** *mit einer Tasse* ***Kaffee;*** *mit einem Pfund* ***Nüssen*** |
| Auch nach *wie* und *als* steht in der Regel derselbe Kasus. | *Unternehmungen* ***wie einen Ausflug*** *schätzt er nicht.* *Ihm* ***als dem Kapitän*** *des Schiffes ist zu vertrauen.* |

## Artikel und Pronomen (Begleiter und Stellvertreter des Nomens)

### Bestimmter und unbestimmter Artikel

Der **bestimmte (definite) Artikel** *(der, die, das)* steht vor Nomen.
Er zeigt in seinen deklinierten Formen deren Genus, Numerus und Kasus an.

| | Singular | | | Plural |
|---|---|---|---|---|
| **Nom.** | ***der*** *Stuhl* | ***die*** *Lampe* | ***das*** *Bild* | ***die*** *Stühle, Lampen, Bilder* |
| **Gen.** | ***des*** *Stuhl(e)s* | ***der*** *Lampe* | ***des*** *Bildes* | ***der*** *Stühle, Lampen, Bilder* |
| **Dativ** | ***dem*** *Stuhl* | ***der*** *Lampe* | ***dem*** *Bild* | ***den*** *Stühlen, Lampen, Bildern* |
| **Akk.** | ***den*** *Stuhl* | ***die*** *Lampe* | ***das*** *Bild* | ***die*** *Stühle, Lampen, Bilder* |

Der **unbestimmte (indefinite) Artikel** *(ein, eine, ein)* steht vor Nomen im Singular.

| | | | |
|---|---|---|---|
| **Nom.** | *ein Stuhl* | *eine Lampe* | *ein Bild* |
| **Gen.** | *eines Stuhl(e)s* | *einer Lampe* | *eines Bildes* |
| **Dativ** | *einem Stuhl* | *einer Lampe* | *einem Bild* |
| **Akk.** | *einen Stuhl* | *eine Lampe* | *ein Bild* |

Ohne Artikel stehen häufig:

- Abstrakta — ***Widerstand** ist zwecklos. **Ende** der Woche*
- Stoffbezeichnungen — *Er trinkt gern **Wein. Gold** ist ein Edelmetall.*
- Nomen in festen Fügungen oder in Aufzählungen — ***Fuß** fassen, **Widerstand** leisten, die Doppelbelastung **in Familie und Beruf,***
- Nomen in verkürzten Äußerungen — ***Fraktion fordert Mitspracherecht.***
- Personennamen — ***Johann Wolfgang von Goethe** starb in Weimar.*

Ländernamen stehen teils ohne, teils mit Artikel. Namen von Bergen, Gebirgen, Flüssen, Seen und Meeren stehen mit Artikel. — *Deutschland, Frankreich, die Niederlande, der Königstuhl, das Riesengebirge, der Rhein, der Bodensee*

## Personalpronomen

Das Personalpronomen bezeichnet den Sprecher (1. Person), den Angesprochenen (2. Person), die Person oder Sache, über die man spricht (3. Person). Nur in der dritten Person steht es stellvertretend für das Nomen.

| | **Singular** | | | | | **Plural** | | |
|---|---|---|---|---|---|---|---|---|
| | **1. Pers.** | **2. Pers.** | **3. Pers.** | | | **1. Pers.** | **2. Pers.** | **3. Pers.** |
| **Nom.** | *ich* | *du* | *er* | *sie* | *es* | *wir* | *ihr* | *sie* |
| **Gen.** | *meiner* | *deiner* | *seiner* | *ihrer* | *seiner* | *unser* | *euer* | *ihrer* |
| **Dativ** | *mir* | *dir* | *ihm* | *ihr* | *ihm* | *uns* | *euch* | *ihnen* |
| **Akk.** | *mich* | *dich* | *ihn* | *sie* | *es* | *uns* | *euch* | *sie* |

### Reflexivpronomen

Das Reflexivpronomen bezieht sich gewöhnlich auf das Subjekt des Satzes und stimmt in Person und Numerus mit ihm überein. Der Kasus hängt vom Verb ab.

| | | |
|---|---|---|
| Für die 3. Person hat es die Form *sich*. | (Dativ Singular) | *Damit schadet er* ***sich*** *nur.* |
| | (Akkusativ Singular) | *Sie schminkt* ***sich.*** |
| | (Dativ Plural) | *Sie haben* ***sich*** *viel erzählt.* |
| | (Akkusativ Plural) | *Die Gäste begrüßten* ***sich.*** |
| Für die 1. und 2. Person werden die entsprechenden Formen des Personalpronomens verwendet. | *Ich langweile* ***mich.*** *Damit schadest du* ***dir*** *nur. Wir haben* ***uns*** *sehr über die Geschenke gefreut. Ihr werdet* ***euch*** *wundern!* | |

### Possessivpronomen

Das Possessivpronomen gibt ein Besitzverhältnis an, drückt aber auch eine Zugehörigkeit, Zuordnung oder Verbundenheit aus. Es kann Begleiter oder Stellvertreter des Nomens sein. Seine Form richtet sich nach der Person, auf die es sich bezieht. In Kasus, Numerus und Genus stimmt es mit dem Nomen überein, vor dem es steht. Das Possessivpronomen lautet im Singular und Plural in der ersten Person *mein/unser*, in der zweiten Person *dein/euer* und in der dritten Person Singular *sein* (maskulin und neutral), *ihr* (feminin), im Plural einheitlich *ihr*.

| | **Singular** | | | **Plural** |
|---|---|---|---|---|
| **Nom.** | *mein Sohn* | *mein-**e** Tochter* | *mein Kind* | *mein-**e** Söhne/Töchter/Kinder* |
| **Gen.** | *mein-**es** Sohnes* | *mein-**er** Tochter* | *mein-**es** Kindes* | *mein-**er** Söhne/Töchter/Kinder* |
| **Dativ** | *mein-**em** Sohn(e)* | *mein-**er** Tochter* | *mein-**em** Kind(e)* | *mein-**en** Söhnen/Töchtern/Kindern* |
| **Akk.** | *mein-**en** Sohn* | *mein-**e** Tochter* | *mein Kind* | *mein-**e** Söhne/Töchter/Kinder* |

| | |
|---|---|
| Steht das Possessivpronomen stellvertretend für ein Nomen, hat die maskuline Form im Nominativ Singular die Endung *-er*, die neutrale im Nominativ und Akkusativ Singular die Endung *-(e)s*. | *Mein Mantel ist zerrissen und **deiner** auch. Ich habe genug Geld, du kannst **dein(e)s** behalten.* |

## Demonstrativpronomen

Das Demonstrativpronomen weist auf etwas hin, was entweder bereits bekannt oder im Folgenden näher zu bestimmen ist. Es richtet sich in Genus, Numerus und Kasus nach dem Nomen, bei dem es steht oder das es vertritt.

| | | **Singular** | | | **Plural** |
|---|---|---|---|---|---|
| | | **maskulin** | **feminin** | **neutral** | |
| *Dieser* und *jener* kommen sowohl als Begleiter wie auch als Stellvertreter des Nomens vor. Dabei weist *dieser* auf etwas Näheres, *jener* auf etwas Entfernteres hin. | **Nom.** | *dies-**er*** | *dies-**e*** | *dies**(-es)*** | *dies-**e*** |
| | **Gen.** | *dies-**es*** | *dies-**er*** | *dies-**es*** | *dies-**er*** |
| | **Dativ** | *dies-**em*** | *dies-**er*** | *dies-**em*** | *dies-**en*** |
| | **Akk.** | *dies-**en*** | *dies-**e*** | *dies**(-es)*** | *dies-**e*** |
| *Derjenige* kann bei einem Nomen oder an der Stelle eines Nomens stehen. *Derselbe/der gleiche* wird wie *derjenige* dekliniert. | **Nom.** | *der-**jenige*** | *die-**jenige*** | *das-**jenige*** | *die-**jenigen*** |
| | **Gen.** | *des-**jenigen*** | *der-**jenigen*** | *des-**jenigen*** | *der-**jenigen*** |
| | **Dativ** | *dem-**jenigen*** | *der-**jenigen*** | *dem-**jenigen*** | *den-**jenigen*** |
| | **Akk.** | *den-**jenigen*** | *die-**jenige*** | *das-**jenige*** | *die-**jenigen*** |

Das Demonstrativpronomen *der* als Stellvertreter des Nomens ist vom Artikel *der* (als Begleiter des Nomens) zu unterscheiden. Es ist allgemein voraus- und zurückweisend.

| | | | | |
|---|---|---|---|---|
| **Nom.** | *der* | *die* | *das* | *die* |
| **Gen.** | *dessen* | *deren/ derer* | *dessen* | *deren/ derer* |
| **Dativ** | *dem* | *der* | *dem* | *denen* |
| **Akk.** | *den* | *die* | *das* | *die* |

## Indefinitpronomen

### jemand – niemand – etwas – nichts

Mit *jemand* und *niemand* werden ganz allgemein und unbestimmt Lebewesen bezeichnet, mit *etwas* Dinge, Sachverhalte u. Ä.; *etwas* und *nichts* sind undeklinierbar.

***jemand(en)/etwas*** *loben,* ***jemandes*** *gedenken,* ***jemand(em) etwas*** *schenken,* ***jemand(en)*** *an* ***jemanden*** *verweisen;* ***niemand(en)*** *sehen.*
***Etwas*** *ist geschehen. Ich weiß davon* ***nichts.*** *Ich habe* ***etwas*** *darüber gehört. Sie kann sich an* ***nichts*** *Besonderes erinnern.*

### alle – jeder – kein

*Alle* bezeichnet eine Gesamtheit; *jeder* bezieht sich auf die einzelnen Teile dieser Gesamtheit. *Kein* ist das Gegenwort zu *jeder.* Die Wörter können als Begleiter des Nomens und selbstständig, als Vertreter des Nomens, gebraucht werden.

*Sie haben* ***allen*** *Schülern etwas geschenkt.* ***Alles*** *Hoffen/****Alle*** *Mühe war umsonst.* ***Jeder*** *Schüler wurde aufgerufen.* ***Jeder*** *musste ein Gedicht vortragen. Sie haben* ***jedem*** *das gleiche Buch geschenkt. Ich habe* ***keinen*** *Hund besessen. Ich habe* ***keinen.***

### manche – mehrere – einige

*Manche, mehrere, einige* bezeichnen eine unbestimmte Anzahl; sie kommen als Begleiter und Stellvertreter des Nomens vor.

***Manche*** *kamen nie an.* ***Mehreren*** *von ihnen dauerte es zu lang.* ***Einige*** *Gäste sind gegangen.*

### man

Mit *man* wird ganz unbestimmt von einer Person gesprochen. Es hat nur diese Form für den Nominativ Singular, im Dativ und Akkusativ wird es durch *einem, einen* ersetzt.

***Man*** *sagt, er gehe oft ins Theater.*
***Man*** *hat ihn gestern im Theater gesehen.*
*Er kann* ***einen*** *ganz schön nerven.*

## Interrogativpronomen

Das Interrogativpronomen (Fragepronomen) *wer/was* wird als Stellvertreter des Nomens gebraucht; es hat nur Singularformen, und man unterscheidet nur zwischen Person (*wer*) und Sache bzw. Sachverhalt (*was*).

| | | |
|---|---|---|
| **Nom.** | ***Wer** kauft ein?* | ***Was** ist das?* |
| **Gen.** | ***Wessen** gedenkt sie?* | ***Wessen** wird sie angeklagt?* |
| **Dativ** | ***Wem** gehört das Hemd?* | – |
| **Akk.** | ***Wen** sehe ich da?* | ***Was** sehe ich da?* |

Das Interrogativpronomen *welcher, welche, welches* kommt als Begleiter und als Stellvertreter des Nomens vor. Man fragt damit nach Personen oder Sachen, und zwar auswählend aus einer bestimmten Art oder Menge. Es wird wie *dieser* dekliniert.

***Welches** Kleid soll ich nehmen (– das blaue oder das schwarze)? **Welches** steht mir besser?*
***Welche** Partei wählt er eigentlich?*
*(Ich hätte gern 100 g Schinken.) **Welcher** darfs denn sein?*
*Mit **welchem** Zug kommst du?*
***Welche** von diesen Sachen sollen wir aufheben, **welche** können weggeworfen werden?*

Mit *was für ein(er)* fragt man nach der Art, Beschaffenheit von Personen oder Sachen; *was* bleibt immer unverändert; nur *ein(er)* wird dekliniert.

***Was für ein** Mensch ist das eigentlich? – **Was für einer** ist das eigentlich?*
***Was für einen** Wein möchten Sie (– einen trockenen oder einen lieblichen)?*

## Relativpronomen

Die Relativpronomen *der, die, das* und das wenig gebräuchliche *welcher, welche, welches* leiten einen Nebensatz, einen Relativsatz, ein. In Genus und Numerus richten sie sich nach dem Bezugswort im übergeordneten Satz. Der Kasus ist dagegen abhängig vom Verb (oder einer Präposition) des Relativsatzes selbst.

*Ich sah **den Mann, der** den Brief eingeworfen hatte. Das ist **der Brief, auf den** ich gewartet habe. Wer ist **der Mann, dem** ich das Paket geben soll?*

| | |
|---|---|
| Das Relativpronomen *wer/was* bezeichnet allgemein eine Person oder eine Sache bzw. einen Sachverhalt. Es leitet einen Nebensatz ein, der eine Ergänzung des übergeordneten Satzes vertritt. | ***Wer*** *nicht hören will, muss fühlen.*<br>*Ich kann mir denken,* ***wen/was*** *du meinst.*<br>*Mach,* ***was*** *du willst.* |

## Adjektive (Eigenschaftswörter)

Man unterscheidet im Allgemeinen drei Arten von Adjektiven:

### Eigenschaftswörter im eigentlichen Sinne

| | |
|---|---|
| Sie beschreiben/bewerten, wie jemand oder etwas beschaffen ist (Farbe, Form, Ausdehnung, Qualität), wie etwas vor sich geht. | ***Rote*** *Rosen sind ihre Lieblingsblumen.*<br>*Es war ein* ***kalter*** *Winter.*<br>*Mit* ***großer*** *Freude haben wir von seinem* ***guten*** *Examen erfahren.*<br>*Man einigte sich* ***schnell.*** |

### Beziehungsadjektive

| | | |
|---|---|---|
| Sie drücken eine bestimmte Beziehung zwischen Personen oder Gegenständen aus. | Urheber: | ***polizeiliche*** *Maßnahmen,* ***ärztliche*** *Hilfe* |
| | Raum/Zeit: | *die* ***finnischen*** *Seen, der* ***gestrige*** *Tag* |
| | Bezugspunkt/Bereich: | ***wirtschaftliche*** *Zusammenarbeit,* ***technischer*** *Fortschritt* |

### Zahladjektive

| | |
|---|---|
| Adjektive sind alle Zahlwörter, die als Beifügung (Attribut) zu einem Nomen stehen können: | *die* ***erste*** *Gruppe; mit* ***fünf*** *Punkten; am* ***zweiten*** *April* |
| ■ Grundzahlen | *ein(s), zwei, siebzehn, achtundachtzigtausend* |
| ■ Ordnungszahlen | *erst-, dritt-, siebenundzwanzigst-* |
| ■ Bruchzahlen | *halb, drittel, achtel, zwanzigstel, hundertstel* |
| ■ Vervielfältigungszahlwörter | *dreifach, fünffach, tausendfach* |
| ■ unbestimmte Zahladjektive | *ganz, viel, wenig, zahllos, sonstig* |

## Die Deklination des Adjektivs

Fast alle Adjektive werden, wenn sie als Attribut (Beifügung) vor einem Nomen stehen, in Übereinstimmung (Kongruenz) mit dem Nomen nach Genus, Numerus und Kasus dekliniert. Nach den Wortformen, die in einer Nominalgruppe vor dem Adjektiv stehen können, unterscheidet man die Deklination des Adjektivs:

**ohne Artikel (starke Deklination):**
ebenso nach:
endungslosen Zahladjektiven (z. B. Er sah *zwei helle* Lichter.);
*manch, solch, welch, viel, wenig* (z. B. bei *solch schönem* Wetter; *welch herrlicher* Blick);
*etwas* und *mehr* (z. B. mit *etwas gutem* Willen; ich brauche *mehr helles* Licht);
*deren/dessen* (z. B. der Libero, von *dessen überlegenem* Spiel alle begeistert waren)

| | | | |
|---|---|---|---|
| **Singular** | | | |
| **Nom.** | *hell-**er** Tag* | *hell-**e** Nacht* | *hell-**es** Licht* |
| **Gen.** | *hell-**en** Tages* | *hell-**er** Nacht* | *hell-**en** Lichtes* |
| **Dativ** | *hell-**em** Tag(e)* | *hell-**er** Nacht* | *hell-**em** Licht* |
| **Akk.** | *hell-**en** Tag* | *hell-**e** Nacht* | *hell-**es** Licht* |
| **Plural** | | | |
| **Nom.** | *hell-**e** Tage/Nächte/Lichter* | | |
| **Gen.** | *hell-**er** Tage/Nächte/Lichter* | | |
| **Dativ** | *hell-**en** Tagen/Nächten/Lichtern* | | |
| **Akk.** | *hell-**e** Tage/Nächte/Lichter* | | |

**nach dem bestimmten Artikel (schwache Deklination):**
ebenso nach den Pronomen *dieser, jener, derselbe, derjenige, jeder, welcher*

| | | | |
|---|---|---|---|
| **Singular** | | | |
| **Nom.** | *der hell-**e** Tag* | *die hell-**e** Nacht* | *das hell-**e** Licht* |
| **Gen.** | *des hell-**en** Tages* | *der hell-**en** Nacht* | *des hell-**en** Lichtes* |
| **Dativ** | *dem hell-**en** Tag(e)* | *der hell-**en** Nacht* | *dem hell-**en** Licht* |
| **Akk.** | *den hell-**en** Tag* | *die hell-**e** Nacht* | *das hell-**e** Licht* |

| Plural | |
|---|---|
| Nom. | *die hell-**en** Tage/Nächte/Lichter* |
| Gen. | *der hell-**en** Tage/Nächte/Lichter* |
| Dativ | *den hell-**en** Tagen/Nächten/Lichtern* |
| Akk. | *die hell-**en** Tage/Nächte/Lichter* |

**nach dem unbestimmten Artikel (gemischte Deklination):**
ebenso nach den Pronomen *mein, dein, sein, ihr* usw.

| Singular | | | |
|---|---|---|---|
| Nom. | *ein hell-**er** Tag* | *eine hell-**e** Nacht* | *ein hell-**es** Licht* |
| Gen. | *eines hell-**en** Tages* | *einer hell-**en** Nacht* | *eines hell-**en** Lichtes* |
| Dativ | *einem hell-**en** Tag(e)* | *einer hell-**en** Nacht* | *einem hell-**en** Licht* |
| Akk. | *einen hell-**en** Tag* | *eine hell-**e** Nacht* | *ein hell-**es** Licht* |
| **Plural** | | | |
| Nom. | *keine hell-**en** Tage/Nächte/Lichter* | | |
| Gen. | *keiner hell-**en** Tage/Nächte/Lichter* | | |
| Dativ | *keinen hell-**en** Tagen/Nächten/Lichtern* | | |
| Akk. | *keine hell-**en** Tage/Nächte/Lichter* | | |

| | |
|---|---|
| Mehrere Adjektive vor einem Nomen werden parallel dekliniert. | *Es geschah an einem **schönen, sonnigen** Morgen.*<br>*Er besitzt ein **altes, klappriges** Auto.* |
| Nach Personalpronomen wird das (nominalisierte) Adjektiv im Singular stark dekliniert und im Nominativ Plural meist schwach. | *Ich **altes** Kamel; du **armer** Junge*<br>*du **Guter*** (maskulin), *du **Gute*** (feminin)<br>*wir **Deutschen/Deutsche*** |
| Bei *mir, dir* und *ihr* (Dativ Singular) kommen beide Formen vor. | *mir **erfahrener/erfahrenen** Richterin*<br>*dir **jungem/*** (selten:) ***jungen** Kerl)*<br>*ihr **erfahrener/erfahrenen** Richterin* |

Bei Indefinitpronomen (*alle, manche* usw.) und unbestimmten Zahladjektiven (*viele, wenige* usw.) schwankt die Deklination des Adjektivs:

| | schwach (wie nach *der*) | parallel (gleiche Endung) | |
|---|---|---|---|
| all- | ■ | | *Bei allem **guten** Willen, das geht entschieden zu weit. Aller **guten** Dinge sind drei.* |
| ander- | | ■ | *Man hat noch anderes **belastendes** Material gefunden. Es gibt noch andere **fähige** Leute.* |
| beide | ■ | | *Die Vorsitzenden beider **großen** Parteien sind anwesend. Beide **kleinen** Mädchen weinten.* |
| einig- | ■ *(teilw. im Sing.)* | ■ | *Wir haben noch einiges **schweizerische(s)** Geld übrig. Ich greife einige **wichtige** Punkte heraus.* |
| etlich- | | ■ | *Im Keller stand etliches **altes** Gerümpel. Der Betrieb hat etliche **alte** Mitarbeiter entlassen.* |
| folgend- | ■ *(im Sing.)* | ■ *(im Plur.)* | *Die Maschine arbeitet nach folgendem **einfachen** Prinzip. Der Test hat folgende **neue** Erkenntnisse gebracht.* |
| irgend-welch- | ■ | ■ | *Er hat irgendwelches **dumme(s)** Zeug geredet. Die Meinung irgendwelcher **fremder** Leute interessiert mich nicht.* |
| manch- | ■ | ■ *(teilw. im Plur.)* | *Wir haben manches **freie** Wochenende dort verbracht. Sie war an der Entdeckung mancher **neuer/neuen** Arten beteiligt.* |
| mehrere | | ■ | *Er hat mehrere **folgenschwere** Fehler gemacht. Er steht wegen mehrerer **kleiner** Vergehen vor Gericht.* |
| sämtlich- | ■ | ■ | *Sämtlicher **gestohlene(r)** Schmuck konnte sichergestellt werden. Sie alarmiert sämtliche **erreichbaren** Nachbarn.* |
| solch- | ■ | | *Solches **herrliche** Wetter hatten wir lange nicht mehr. Sie sagt immer solche **merkwürdigen** Sachen.* |
| viel- | | ■ | *Das hat er in vieler **mühsamer** Kleinarbeit gebastelt. Sie haben viele **schöne** Reisen zusammen gemacht.* |
| wenig- | | ■ | *Die Flüsse führen nur noch weniges **trübes** Wasser. Er hat nur wenige **gute** Freunde.* |

| | stark | schwach |
|---|---|---|
| **Nominalisierte Adjektive:** Nominalisierte Adjektive werden dekliniert wie attributive (bei einem Nomen stehende) Adjektive: stark, wenn sie ohne Artikel oder nach endungslosen Wörtern stehen, und schwach, wenn sie nach Wörtern mit Endung stehen. | ***Vorsitzender*** *ist Herr Müller.* *Ich wünsche dir nur* ***Gutes.*** ***Liberale*** *und* ***Grüne*** *stimmten dagegen.* *Mein* ***Bekannter*** *ist* ***Angestellter*** *bei der Bank.* ***Reisende*** *ohne Gepäck bitte zu Schalter 3.* *Im Westen nichts* ***Neues.*** | *Der* ***Vorsitzende*** *heißt Müller.* *Ich wünsche dir alles* ***Gute.*** *Die* ***Liberalen*** *und die* ***Grünen*** *stimmten dagegen.* *Die* ***Angestellten*** *der Bank sind unsere* ***Bekannten.*** *Die* ***Reisenden*** *nach Hongkong bitte zur Abfertigung.* *Hast du schon das* ***Neueste*** *gehört?* |

**Adjektive ohne Deklinationsformen**

| | |
|---|---|
| ▪ Grundzahlwörter ab *zwei* | ***sieben*** *Raben; die* ***sieben*** *Raben; von* ***sieben*** *Raben* |
| ▪ Ableitungen von Orts- und Ländernamen | *die Türme des* ***Ulmer*** *Münsters* |
| ▪ Adjektive wie *egal, klasse;* nur wenige von ihnen können als Attribut stehen. | *ein* ***super*** *Essen; ein* ***klasse*** *Auto* |
| ▪ Farbadjektive wie *rosa, lila* | *Er packt das Buch in* ***rosa*** *Geschenkpapier.* |

### Die Steigerung des Adjektivs

Viele Adjektive können Steigerungsformen bilden. Man unterscheidet: **Positiv** (Grundstufe: *schnell*), **Komparativ** (Höherstufe: *schneller*) und **Superlativ** (Höchststufe: *schnellst-*). An *-er* und *-st* treten die üblichen Endungen, wenn das Adjektiv attributiv bei einem Nomen steht.

## Bildung der Steigerungsformen

Bei manchen Adjektiven treten in den Steigerungsformen lautliche Veränderungen auf; *gut* bildet den Komparativ und Superlativ mit einem anderen Wortstamm *(gut, besser, best-)*.

| | | | |
|---|---|---|---|
| **-er, -st** | *tief* | *tiefer* | *tiefste* |
| **-er, -st,** Umlaut | *warm* | *wärmer* | *wärmste* |
| **-er, -st,** Umlaut und Konsonantenwechsel | *hoch* | *höher* | *höchste* |
| | *nah* | *näher* | *nächste* |
| **-er, -st,** e-Ausfall | *dunkel* | *dunkler* | *dunkelste* |
| **-er, -est** | *heiß* | *heißer* | *heißeste* |
| **-er, -est,** Umlaut | *kalt* | *kälter* | *kälteste* |

## Gebrauch der Steigerungsformen

| | |
|---|---|
| **Positiv:** Eine Eigenschaft ist bei den verglichenen Personen oder Gegenständen in gleichem Maße vorhanden. | *Klaus ist* ***so alt wie*** *Peter.* |
| **Komparativ:** drückt den ungleichen (höheren oder niedrigeren) Grad einer Eigenschaft aus. | *Maria ist* ***älter als*** *Claudia.* |
| **Superlativ:** drückt den höchsten Grad einer Eigenschaft aus oder, wenn kein Vergleich zugrunde liegt, ganz allgemein einen sehr hohen Grad (Elativ). | *Er ist der* ***jüngste*** *von drei Brüdern.*<br>*Das ist das* ***Neueste,*** *was es auf dem Markt gibt.*<br>*Der Betrieb arbeitet mit* ***modernsten*** *Maschinen.* |

| Adjektive ohne Steigerungsformen | | |
|---|---|---|
| Bei vielen Adjektiven ist eine Steigerung nur möglich, wenn sie in übertragener Bedeutung zur Kennzeichnung einer Eigenschaft (z. B. das *lebendigste* Kind = das *lebhafteste* Kind) oder in bestimmten Kontexten umgangssprachlich gebraucht werden (z. B. Das neue Programm ist noch *optimaler* als der Vorgänger). | »absolute« Adjektive | *tot, lebendig, stumm, blind, kinderlos* |
| | Adjektive, die bereits einen höchsten Grad ausdrücken | *maximal, minimal, optimal, total, absolut, erstklassig* |
| | Formadjektive | *rund, viereckig, quadratisch, kegelförmig* |
| | Beziehungsadjektive | *karibisch, wirtschaftlich, dortig, jetzig* |
| | Zahladjektive | *drei, halb, siebenfach, ganz, einzig* |

## Die Wortbildung des Adjektivs

Die weitaus meisten Adjektive sind abgeleitete *(un-schön, berg-ig, zeit-lich)* oder zusammengesetzte *(hell-rot, stein-hart, bären-stark)* Adjektive. Daneben gibt es solche, die aus Fügungen »zusammengebildet« sind *(ein viertüriges Auto = ein Auto mit vier Türen)*.

| 1. Ableitungen | |
|---|---|
| ■ mithilfe von Präfixen | ***a**typisch, **in**tolerant, **un**zufrieden, **erz**konservativ, **ur**alt* |
| ■ mithilfe von Suffixen | *dehn**bar**, hölz**ern**, seid**en**, fehler**haft**, sand**ig**, italien**isch**, gewerb**lich**, repar**abel**, katastroph**al**, form**ell**, informat**iv*** |

## 2. Zusammensetzungen

| | | |
|---|---|---|
| ■ Sie bestehen aus zwei (selten mehr) Wörtern, wovon das zweite immer ein Adjektiv (oder Partizip) ist. | Verb + Adjektiv | *röst-frisch*<br>*koch-fertig*<br>*denk-faul* |
| | Adjektiv + Adjektiv | *hell-rot*<br>*grell-bunt*<br>*nass-kalt* |
| | Nomen + Adjektiv | *stein-hart*<br>*wetter-fest* |
| ■ Meist wird der zweite Bestandteil (das Adjektiv) durch das vorangehende Wort näher bestimmt. | *steinhart = hart wie Stein*<br>*kochfertig = fertig zum Kochen*<br>*denkfaul = faul im Denken* | |
| ■ Bei einigen Adjektiv-Adjektiv-Zusammensetzungen sind die Teile einander gleichgeordnet. | *nasskalt (= nass und kalt)*<br>*taubstumm, dummdreist, feuchtwarm, wissenschaftlich-technisch* | |

## Steigerung zusammengesetzter Adjektive

| | |
|---|---|
| ■ Der erste Teil (Bestimmungswort) wird gesteigert, wenn beide Glieder noch ihre Bedeutung tragen. In diesen Fällen wird getrennt geschrieben. | *eine* ***leicht verdauliche/leichtverdauliche*** *Speise –*<br>*eine noch* ***leichter verdauliche*** *Speise –*<br>*die* ***am leichtesten verdauliche*** *Speise* |
| ■ Das Grundwort wird in die Steigerungsform gesetzt, wenn die Zusammensetzung einen einheitlichen, neuen Begriff bildet. | *in* ***altmodischster*** *Kleidung*<br>*die* ***weittragendsten*** *Entscheidungen*<br>*die* ***hochfliegendsten*** *Pläne*<br>***zartfühlender*** *sein* |

### Die Verwendung des Adjektivs im Satz

Adjektive können bei einem Nomen (attributiv), in Verbindung mit *sein, werden* und ähnlichen Verben (prädikativ) und in Verbindung mit anderen Verben (adverbial) gebraucht werden.

| Als Attribut steht das Adjektiv | |
|---|---|
| ■ in der Regel vor dem Nomen und wird dekliniert; | *ein **trockener** Wein; die **bunten** Bilder; **blaue** Augen* |
| ■ gelegentlich hinter dem Nomen und wird nicht dekliniert. | *Whisky **pur;** Röslein **rot*** |

| Adjektive in Verbindung mit *sein, werden* und ähnlichen Verben | |
|---|---|
| ■ Das Adjektiv ist Prädikativergänzung und wird nicht dekliniert. | *Sie ist **neugierig.** Es wird **dunkel.** Er blieb **freundlich.*** |
| ■ Im Superlativ steht das Adjektiv mit Artikel und wird dekliniert oder es erscheint in einer Fügung mit *am.* | *Die Westküste ist **die schönste/am schönsten.** Dieses Foto ist **das neu(e)ste/am neuesten.*** |

| Adjektive bei anderen Verben | |
|---|---|
| Das Adjektiv ist Modalangabe und wird nicht dekliniert. | *Der Vater liest **laut** vor. Sie spricht **leise.** Sie hatte ihn **sehnsüchtig** erwartet. Sie lag **ohnmächtig** da.* |

Adjektive können oder müssen in Verbindung mit bestimmten Verben eine Ergänzung zu sich nehmen. Man unterscheidet:

| | |
|---|---|
| ■ Adjektive mit einer Genitivergänzung | ***einer Sache** schuldig, bewusst, eingedenk, gewiss sein* |
| ■ Adjektive mit einer Dativergänzung | ***jemandem** behilflich, bekömmlich, ähnlich, bekannt sein* |
| ■ Adjektive mit einer Akkusativergänzung | ***eine Sache** wert sein; **jemanden** leid sein* |
| ■ Adjektive mit einer Präpositionalergänzung | ***auf etwas** angewiesen, gespannt sein; **bei jemandem** beliebt sein; **für jemanden** nachteilig sein; **in Österreich** wohnhaft, beheimatet, tätig **sein*** |

## Adverbien (Umstandswörter)

Adverbien beziehen sich auf einzelne Wörter, Wortgruppen oder auf den ganzen Satz. Sie bezeichnen die Umstände eines Geschehens. Adverbien gehören zu den undeklinierbaren Wortarten. Nur einige wenige Adverbien können gesteigert werden. Die wichtigsten Arten von Adverbien sind:

| | | |
|---|---|---|
| **Lokaladverbien/ Umstandswörter des Ortes** | wo? wohin? woher? | *da, daher, dorthin, hierher, drinnen, innen, vorn, links, oben, unten, vorwärts, unterwegs …* |
| **Temporal-adverbien/ Umstandswörter der Zeit** | wann? seit wann? bis wann? wie lange? | *jetzt, nie, jemals, niemals, bald, stets, immer, einst, bisher, neuerdings, allezeit, heute, morgen, winters, zeitlebens, vorher …* |
| **Modaladverbien/ Umstandswörter der Art und Weise** | wie? wie sehr? auf welche Art und Weise? | *allein, zusammen, umsonst, beinahe, fast, sehr, so, nur, gern, durchaus, leider, möglicherweise, etwa, wohl, kopfüber …* |
| **Kausaladverbien/ Umstandswörter des Grundes** | warum? weshalb? wozu? wodurch? | *daher, darum, deswegen, demzufolge, folglich, dadurch, deshalb …* |

### Die Wortbildung des Adverbs

| **1. Ableitungen** | |
|---|---|
| mithilfe von Suffixen | *morgens, abends, anfangs, frühestens; ostwärts, talwärts; glücklicherweise, seltsamerweise; zugegebenermaßen* |
| **2. Zusammensetzungen** | |
| Die größte Gruppe sind die Adverbien, die aus *da, hier, wo* und einer Präposition gebildet sind. Beginnt die Präposition mit einem Vokal, wird an *da* und ***wo*** ein *r* angefügt. | *daran, dabei, dahinter, danach, darüber, dazwischen; hierauf, hierdurch, hierfür, hiermit, hierunter, hiervor; wobei, woraus, worin, worüber, wovon, wozu* |

## Die Präpositionaladverbien (Pronominaladverbien)

Präpositionaladverbien wie *darauf, hierüber* usw. werden häufig wie bestimmte Pronomen stellvertretend für eine bestimmte Nominalgruppe (mit Präposition) gebraucht. Man unterscheidet:

| **Präpositionaladverb (Bezug auf Sachen)** | **Präposition + Pronomen (Bezug auf Personen)** |
|---|---|
| *Wir diskutieren gerade über die Pausenregelung. Wissen Sie etwas Genaueres **darüber?*** | *Wir sprechen gerade über den neuen Chef. Wissen Sie etwas Genaueres **über ihn?*** |
| *Kann ich mich **darauf** verlassen, dass die Arbeit morgen fertig ist?* | *Er ist eine gute Kraft. **Auf ihn** kann man sich verlassen.* |
| ***Hiermit** will ich nichts zu tun haben.* | ***Mit dem/ihm/denen ...** will ich nichts zu tun haben.* |

## Die Steigerung von Adverbien

| | | | |
|---|---|---|---|
| Nur einige wenige Adverbien haben Steigerungsformen. Meist werden der Komparativ und der Superlativ von einem anderen Wortstamm als dem des Positivs gebildet. | *oft* | *öfter* | *am öftesten/ häufigsten* |
| | *bald* | *eher* | *am ehesten* |
| | *gern* | *lieber* | *am liebsten* |
| | *sehr* | *mehr* | *am meisten* |
| | *wohl (= gut)* | *besser/wohler* | *am besten/ wohlsten* |

Die Verwendung des Adverbs im Satz

| | |
|---|---|
| ■ als selbstständiges Satzglied (adverbiale Bestimmung), wenn es sich auf das Verb oder den ganzen Satz bezieht | ***Hier*** *entstehen fünf Neubauten.* ***Gestern*** *hat es geregnet.* |
| | *Ich konnte* ***leider*** *nicht kommen.* |
| | *Warum sagst du mir das* ***jetzt?*** |
| ■ als Attribut, wenn es einzelnen Wörtern oder Wortgruppen zugeordnet ist | *Sie ist* ***sehr*** *nett.* ***Bald*** *nach dem Vorfall ist sie weggezogen. Die Läden schließen hier* ***schon*** *um 18 Uhr.* |
| ■ Als Attribute können Adverbien vor- oder nachgestellt werden. | ***So*** *einfach ist das nicht. Die Vorstellung* ***gestern*** *war ausverkauft. Die zweite Straße* ***links*** *führt zum Bahnhof. In dem Haus* ***dort*** *haben wir früher gewohnt.* |
| ■ Bei Präpositionalgruppen, die eine Zahlangabe enthalten, können Gradadverbien auch innerhalb der Fügung hinter der Präposition stehen. | *Ich bin* ***in spätestens*** *zwei Tagen/* ***spätestens in*** *zwei Tagen zurück. Sie kommt* ***in frühestens / frühestens in*** *zwanzig Minuten zurück.* |

## Präpositionen (Verhältniswörter)

Präpositionen sind ihrer Form nach unveränderlich. Sie treten immer mit einem anderen Wort, in der Regel einem Nomen oder Pronomen, auf, dessen Kasus sie bestimmen (»regieren«). Viele Präpositionen können auch zwei Kasus regieren. Präpositionen stehen meist vor der regierten Wortgruppe. Zusammen mit dieser bilden sie die Präpositionalgruppe. Man kann vier Hauptbedeutungsgruppen unterscheiden:

| | |
|---|---|
| **1. Ort (lokal)** | ***an*** *(der Grenze),* ***auf*** *(dem Hof),* ***aus*** *(Frankreich),* ***in*** *(der Stadt),* ***neben*** *(dem Haus),* ***über*** *(den Wolken),* ***vor*** *(der Baustelle)* |

| | |
|---|---|
| **2. Zeit (temporal)** | ***an*** *(diesem Tag),* ***in*** *(der nächsten Woche),* ***seit*** *(zwei Jahren),* ***um*** *(12 Uhr),* ***während*** *(des Krieges)* |
| **3. Grund, Folge, Zweck u. a. (kausal)** | ***wegen*** *(Bauarbeiten),* ***dank*** *(seiner Hilfe),* ***aus*** *(Mitleid),* ***durch*** *(Neugierde),* ***zu*** *(Ihrer Information)* |
| **4. Art und Weise (modal)** | ***ohne*** *(mein Wissen),* ***mit*** *(ihrer Zustimmung),* ***gemäß*** *(den Vorschriften),* ***gegen*** *(seinen Rat)* |

## Die wichtigsten Präpositionen und ihre Rektion

*ab* Dat./Akk.
*abseits* Gen.
*abzüglich* Gen.
*an* Dat./Akk.
*angesichts* Gen.
*anhand* Gen.
*anlässlich* Gen.
*(an)statt* Gen.
*anstelle* Gen.
*auf* Dat./Akk.
*aufgrund* Gen.
*aus* Dat.
*ausschließlich* Gen.
*außer* Dat.
*außerhalb* Gen.
*bei* Dat.
*bezüglich* Gen./Dat.
*binnen* Gen.
*bis* Akk.
*dank* Gen./Dat.
*diesseits* Gen.
*durch* Akk.
*einschließlich* Gen.
*entgegen* Dat.
*entlang* Gen./Dat./Akk.
*entsprechend* Dat.
*exklusive* Gen.
*für* Akk.
*gegen* Akk.
*gegenüber* Dat.
*gemäß* Dat.
*halber* Gen.
*hinsichtlich* Gen.
*hinter* Dat./Akk.
*in* Dat./Akk.
*infolge* Gen.
*inklusive* Gen.
*inmitten* Gen.
*innerhalb* Gen.
*jenseits* Gen.
*kraft* Gen.
*längs* Gen./Dat.
*laut* Dat./ Gen.
*mangels* Gen.
*mit* Dat.
*mittels* Gen.
*nach* Dat.
*neben* Dat./Akk.
*oberhalb* Gen.
*ohne* Akk.
*seit* Dat.
*trotz* Gen./Dat.
*über* Dat./Akk.
*um* Akk.
*um – willen* Gen.
*ungeachtet* Gen.
*unter* Dat./Akk.
*unterhalb* Gen.
*von* Dat.
*vor* Dat./Akk.
*während* Gen.
*wegen* Gen.
*wider* Akk.
*zeit* Gen.
*zu* Dat.
*zufolge* Dat./ Gen.
*zuliebe* Dat.
*zu(un)gunsten* Gen.
*zuzüglich* Gen.
*zwischen* Dat./Akk.

*Präpositionen mit unterschiedlicher Rektion*

| | | | |
|---|---|---|---|
| **lokal:** | mit Dativ (Ort, wo?)<br>mit Akkusativ (Richtung, wohin?) | *Das Bild hängt an der Wand.*<br>*Sie hängt das Bild an die Wand.* | *an, auf, hinter, in, neben, über, unter, vor, zwischen* |
| **lokal:**<br>**temporal:** | mit Dativ<br>mit Dativ oder Akkusativ | *ab unserem Werk;*<br>*ab erstem/ersten Juli* | *ab* |
| Anstelle des Genitivs steht der Dativ, wenn Wortformen nicht als Genitiv erkennbar sind; oft auch, wenn die Präpositionalgruppe einen weiteren Genitiv enthält, und immer in der Kombination mit *von.* | | *abzüglich der Steuerfreibeträge*<br>*abzüglich Steuerfreibeträgen*<br>*während Herrn Meiers langem Vortrag*<br>*aufgrund von Unwettern* | *abzüglich, zuzüglich, ausschließlich, einschließlich, außerhalb, innerhalb, mangels, mittels, trotz, während, wegen* |

| | |
|---|---|
| ■ Präpositionen, die den gleichen Kasus regieren, können gereiht und auf ein Nomen oder Pronomen bezogen werden. | *Sie suchte* ***in und unter dem Schrank.***<br>***Vor, hinter und neben dem Minister*** *drängten sich die Reporter.*<br>***Diesseits und jenseits der Grenze*** *herrschte reger Verkehr.* |
| ■ Bei unterschiedlicher Rektion wählt man den Kasus der zuletzt stehenden Präposition. | *Kommt ihr* ***mit oder ohne*** (+ Akk.) ***Kinder?***<br>*Sie kommen* ***teils ohne, teils mit*** (+ Dat.) ***Kindern.*** |

## Die Stellung der Präposition

| | |
|---|---|
| ■ Die meisten Präpositionen stehen vor dem regierten Wort bzw. der regierten Wortgruppe. | ***für*** *mich,* ***nach*** *Feierabend,* ***im*** *Auto*<br>***zu*** *ihrem Geburtstag;* ***im*** *kleinen schmalen Flur* |
| ■ Einige Präpositionen können vor oder hinter dem regierten Wort bzw. der regierten Wortgruppe stehen. | ***wegen*** *der Kinder/der Kinder* ***wegen,***<br>***nach*** *meiner Meinung/meiner Meinung* ***nach,***<br>***entlang*** *des Flusses/dem Fluss (Gen./Dativ)/ den Fluss* ***entlang*** *(Akk.)* |

| | |
|---|---|
| Einige wenige Präpositionen werden nur nachgestellt; »Doppelpräpositionen« umschließen das regierte Element. | *dem Pressesprecher* ***zufolge,*** *der Wahrheit* ***halber***<br>***um*** *des lieben Friedens* ***willen, von*** *morgen* ***an*** |

## Verschmelzung von Präposition und Artikel

| | |
|---|---|
| Einige Präpositionen verschmelzen häufig mit Formen des Artikels zu einer Wortform. | *an/in + dem → am/im, bei + dem → beim, an/in + das → ans/ins, von + dem → vom, zu + dem/der → zum/zur* |
| In vielen Fügungen und festen Wendungen sind nur die verschmolzenen Formen möglich. | ***am schönsten*** *sein,* ***zum Tanzen*** *auffordern,* ***im Juli*** *beginnen,* ***aufs Ganze*** *gehen,* ***hinters Licht*** *führen* |

## Konjunktionen (Bindewörter)

Konjunktionen gehören zu den unveränderlichen Wörtern. Sie verbinden Sätze und Teile von Sätzen miteinander. Es gibt nebenordnende Konjunktionen *(und, oder, aber, denn)* und unterordnende Konjunktionen *(weil, obwohl, dass, ob)*. Konjunktionen stellen eine bestimmte inhaltliche Beziehung zwischen den verbundenen Sätzen bzw. Satzteilen her. Neben einfachen Konjunktionen wie *oder, aber, ob* gibt es mehrteilige wie z. B. *sowohl – als auch, entweder – oder.*

| Nebenordnende Konjunktionen verbinden | |
|---|---|
| gleichrangige Haupt- und Nebensätze | *Es klingelte an der Tür,* ***aber*** *sie machte nicht auf.*<br>*Wir hoffen, dass es dir gut geht* ***und*** *(dass) dir der Aufenthalt gefällt.* |
| Wortgruppen | ***sowohl*** *in Rom* ***als auch*** *in Paris; durch List* ***oder*** *durch Gewalt;* |
| Wörter | *auf* ***und*** *ab; arm,* ***aber*** *glücklich; rechts* ***oder*** *links;* |
| Wortteile | *West-* ***und*** *Osteuropa; be-* ***oder*** *entladen.* |

| | |
|---|---|
| Zu den nebenordnenden Konjunktionen gehören *als* und *wie*, wenn sie bei den Steigerungsformen des Adjektivs stehen. | *Er ist ein besserer Schüler* ***als*** *sein Freund. Heute ist das Wetter nicht so schön* ***wie*** *gestern.* |

## Unterordnende Konjunktionen

| | |
|---|---|
| Unterordnende Konjunktionen wie *dass, weil, nachdem, bis* schließen einen Nebensatz an einen Hauptsatz an; das Verb steht am Ende. | *Er konnte nicht glauben,* ***dass*** *das schon die Entscheidung gewesen sein* ***sollte.*** *Es dauerte lange,* ***bis*** *das nächste Tor* ***fiel.*** |
| *um zu, ohne zu, (an)statt zu, als zu* leiten Nebensätze ein, in denen das Verb im Infinitiv steht. | *Die Mannschaft kämpfte,* ***um*** *das Spiel* ***herumzureißen.*** *Sie kämpfte,* ***ohne*** *zum Erfolg* ***zu kommen.*** *Sie kämpfte lieber,* ***als zu fliehen.*** |

## Die Bedeutungsgruppen der Konjunktionen

| | | |
|---|---|---|
| Bei den **nebenordnenden Konjunktionen** unterscheidet man vier Bedeutungsgruppen: | Reihung, Zusammenfassung | *und, (so)wie, sowohl – als/wie, sowohl – als auch/wie auch* |
| | verschiedene Möglichkeiten | *oder, entweder – oder, bzw. (= beziehungsweise)* |
| | Gegensatz, Einschränkung | *aber, (je)doch, allein, sondern* |
| | Grund | *denn* |

Die wichtigsten Bedeutungsgruppen der **unterordnenden Konjunktionen** sind:

| | |
|---|---|
| Zeit (temporal) | *als, nachdem, bis, während, ehe, bevor, sobald, solange, wenn* |
| Grund (kausal) | *weil, da, zumal* |
| Zweck (final) | *damit, dass, um zu* |
| Bedingung (konditional) | *wenn, falls, sofern, soweit* |
| Gegensatz (konzessiv) | *obwohl, obgleich, obschon, wenn auch* |
| Art und Weise (modal) | *indem, wie, als ob, ohne dass, ohne zu, als zu, (an)statt zu* |
| ohne eigene Bedeutung | *dass, ob* |

## Interjektionen (Ausrufe-, Empfindungswörter)

Interjektionen stellen eigene, selbstständige Äußerungen dar und stehen im Satz isoliert. Sie kommen vor allem in gesprochener Sprache vor und drücken oft eine Empfindung oder eine Haltung des Sprechers aus (Überraschung, Freude, Überlegen, Zögern, Schreck). Man unterscheidet:

| | |
|---|---|
| ■ Empfindungswörter | *ach, ah, au, hurra, igitt, oh* |
| ■ Aufforderungswörter | *hallo, he, heda, tschüs, dalli, hü, pst* |
| ■ Lautnachahmungen | *haha, hatschi, miau, kikeriki, peng, klirr* |
| ■ Gesprächswörter | *hm, ja, aha, genau, richtig, bitte?, was?* |
| ■ Antwortpartikeln | *ja, nein, doch* |

Einfache Sätze
Das Prädikat
Die Ergänzungen
Angaben
Die Wortstellung
Die Stellung des Prädikats
und die Satzklammer
Zusammengesetzte Sätze
Nebensätze
Ergänzungssätze
Adverbialsätze
Attributsätze
Einfache Sätze
Das Prädikat
Die Ergänzungen
Angaben
Die Wortstellung
Die Stellung des Prädikats
und die Satzklammer
Zusammengesetzte Sätze
Nebensätze
Ergänzungssätze
Adverbialsätze
Attributsätze
Einfache Sätze
Das Prädikat
Die Ergänzungen
Angaben
Die Wortstellung
Die Stellung des Prädikats
und die Satzklammer
Zusammengesetzte Sätze
Nebensätze
Ergänzungssätze
Adverbialsätze
Attributsätze
Einfache Sätze

# Sätze

# Sätze

Sätze sind sprachliche Einheiten, aus denen Texte bestehen. Bei selbstständig vorkommenden Sätzen unterscheidet man nach Äußerungsabsicht und Form:

| | |
|---|---|
| **Aussagesätze** | |
| In Aussagesätzen steht die Personalform des Verbs an zweiter Stelle. | *Wir* ***fahren*** *heute Nachmittag nach Frankfurt.*<br>*Stephan* ***kommt*** *heute aus Rostock zurück.*<br>*Das* ***ist*** *ja toll!* |
| **Fragesätze** | |
| Entscheidungsfragen (Antwort: *ja/nein)* beginnen mit der Personalform des Verbs. | ***Fährst*** *du zum Zoo?* ***Kann*** *ich auch mitkommen?* |
| Ergänzungsfragen (Antwort: Einzelheiten zu einem Sachverhalt) beginnen mit einem Fragewort. | ***Womit*** *fahrt ihr denn?* ***Über wen*** *sprecht ihr?* |
| **Aufforderungssätze** | |
| Sie beginnen mit dem Imperativ (der Befehlsform) des Verbs. | ***Fahr*** *doch endlich!* ***Seid*** *möglichst pünktlich!* |
| Bezieht sich der Sprecher in die Aufforderung mit ein oder siezt er die angesprochene Person, steht das Verb im Konjunktiv I Präsens. | ***Seien*** *wir doch ganz ehrlich!* ***Seien*** *Sie unbesorgt!* |
| Bei allgemeinen Aufforderungen steht das Verb meist im Infinitiv. | *Vor Gebrauch* ***schütteln!*** |

Der Sprecher kann in einfachen Sätzen (Einzelsätzen) oder aber in zusammengesetzten Sätzen sprechen, wenn er komplexe Zusammenhänge ausdrücken will.

| | |
|---|---|
| **Einfacher Satz:**<br>Ein einfacher Satz enthält ein – und nur ein – Verb in der Personalform. | *Die Straße* ***war*** *sehr befahren.*<br>*Sie* ***wollte*** *die Straße gerade überqueren.*<br>*Da* ***schaltete*** *die Ampel auf Rot.* |
| **Zusammengesetzter Satz:**<br>Ein zusammengesetzter Satz besteht aus zwei oder mehr Teilsätzen. | *Die Ampel schaltete auf Rot, als sie gerade die Straße, die sehr befahren war, überqueren wollte.* |

## Einfache Sätze

Bauteile des einfachen Satzes sind das Prädikat und die Satzglieder. Die Satzglieder kann man mit der Verschiebe- oder Umstellprobe ermitteln: Alle Wörter, die nur zusammen, als Block, verschoben werden können, bilden ein Satzglied. Satzglieder sind mit Wörtern und Wortgruppen austauschbar, die an der gleichen Stelle im Satz stehen können (Ersatzprobe).

| | | | |
|---|---|---|---|
| **Verschiebeprobe:** | ***Nach einer Weile*** | *kommt* | ***Pauls Schwester.*** |
| | ***Pauls Schwester*** | *kommt* | ***nach einer Weile.*** |
| **Ersatzprobe:**<br>Die Ersatzprobe zeigt, dass ein Satzglied immer nur durch ein Satzglied der gleichen Art ersetzt werden kann. | ***Pauls Schwester*** | *kommt* | ***nach einer Weile.*** |
| | ***Elke*** | *kommt* | ***später.*** |
| | ***Sie*** | *kommt* | ***in einer Stunde.*** |

### Das Prädikat (die Satzaussage)

Das Prädikat ist das Zentrum des Satzes; mit ihm wird etwas über Gegenstände (Personen oder Sachen) ausgesagt. Es enthält notwendig ein Verb in der Personalform (finites Verb). Diese Verbform stimmt nach Person und Numerus mit dem Subjekt, dem Satzgegenstand, überein **(Kongruenz).**

| | | | | |
|---|---|---|---|---|
| Kongruenz<br>Subjekt – Prädikat | ***Er*** (3. Pers. Sg.) ***hilft*** (3. Pers. Sg.) *seinem Vater.*<br>***Wir*** (1. Pers. Pl.) ***helfen*** (1. Pers. Pl.) *unseren Freunden.* | | | |
| Das Prädikat kann einteilig oder mehrteilig sein. | Personalform | | | Restform<br>(Infinitiv, Part. II) |
| | *Peter* | ***hilft*** | *seinem Vater* | – |
| | | ***will*** | | ***helfen.*** |
| | | ***hat*** | | ***geholfen.*** |
| Zum Prädikat gehört auch die Prädikativergänzung bei Verben wie *sein, werden.* | *Peter* ***wird Arzt.***<br>*Sein Vater* ***ist schon alt.*** | | | |

### Die Ergänzungen

Die Satzglieder, die das Prädikat »ergänzen«, d. h. zum Satz vervollständigen, nennt man **Ergänzungen** (z. T. auch **Objekte**). Welche Ergänzungen notwendig sind, damit ein grammatisch vollständiger Satz entsteht, hängt vom Verb ab; fast immer ist zumindest ein Subjekt (eine Ergänzung im Nominativ) gefordert.

| | |
|---|---|
| **Subjekt** (Satzgegenstand)<br>(Fragewort: wer?/was?): | |
| Als Subjekt steht meist ein Nomen bzw. eine Nominalgruppe oder ein Pronomen. Das Subjekt kann auch aus einem Satz oder einer Infinitivgruppe bestehen. | ***Politik/diese ganze Sache/das*** *interessiert mich nicht.*<br>***Ob sie kommt/Wann sie kommt,*** *interessiert mich nicht.* ***Sie kennengelernt zu haben,*** *war sehr interessant.* |
| **Akkusativergänzung** (Akkusativobjekt)<br>(Fragewort: wen?/was?): | |
| Als Akkusativergänzungen kommen vor allem Nominalgruppen und Pronomen vor, bei bestimmten Verben auch Nebensätze. Einige Verben können nur mit einer »persönlichen« Akkusativergänzung stehen. | *Der Junge ruft* ***den Hund/die Kinder/ihn.***<br>*Ich weiß,* ***dass er teilnimmt/was los ist.***<br>***Mich*** *friert. Es ekelt* ***ihn.*** |
| **Dativergänzung** (Dativobjekt)<br>(Fragewort: wem?): | |
| Als Dativergänzungen kommen fast nur Nominalgruppen und Pronomen vor. | *Sie hilft* ***ihrem Freund/den wilden Tieren/ihm.*** |
| **Genitivergänzung** (Genitivobjekt)<br>(Fragewort: wessen?): | |
| Nur wenige Verben stehen mit einer Genitivergänzung. Sie erscheint als Nominalgruppe oder Pronomen, selten auch als Nebensatz oder Infinitivgruppe. | *Wir gedenken* ***des Verstorbenen.***<br>*Er enthielt sich* ***eines Urteils.***<br>*Er befleißigt sich* ***großer Zurückhaltung.***<br>*Sie vergewissert sich,* ***ob alles in Ordnung ist.*** |

| | |
|---|---|
| **Präpositionalergänzung** (Präpositionalobjekt) (Präposition + Fragewort): | |
| Die Präpositionalergänzung hat – im Unterschied zu den adverbialen Ergänzungen mit Präposition – eine feste, nicht austauschbare Präposition. Sie kommt in Form einer Präpositionalgruppe oder eines Präpositionaladverbs vor. Das Präpositionaladverb kann auf einen nachfolgenden Nebensatz verweisen. | *Die Spieler warten* ***auf den Anpfiff.***<br>*Sie kümmert sich* ***um die Gäste.***<br>*Ich denke oft* ***daran.***<br>*Er begnügt sich* ***damit, dass er schweigt.*** |
| **Adverbiale Ergänzungen** | |
| ■ Raumergänzung (Fragewort: wo?, wohin?, woher?): | *Sein Onkel wohnt* ***in Bremen****/ fährt* ***dorthin****/kommt* ***aus München.*** |
| ■ Zeitergänzung (Fragewort: wann?, wie lange?): | *Das Unglück geschah* ***frühmorgens.***<br>*Die Sitzung dauerte* ***drei Stunden.*** |
| **Prädikativergänzung** (Prädikatsnomen) (Fragewort: was?, wie?): | |
| Eine Prädikativergänzung haben bedeutungsarme Verben wie *sein, werden, bleiben.* Sie erscheint hauptsächlich als Nomen oder Adjektiv (bzw. als entsprechende Wortgruppe). | *Inge ist/wird/bleibt* ***Vorsitzende (des Vereins).***<br>*Sie war schon immer* ***(sehr) tüchtig.*** |

## Angaben (Umstandsangaben/adverbiale Bestimmungen)

Der Sprecher kann in einen Satz, in dem alle notwendigen Ergänzungen stehen, zusätzlich Angaben einfügen, die das Verb oder den ganzen Satz genauer bestimmen. Im Gegensatz zu den adverbialen Ergänzungen, die vom Verb gefordert werden und notwendige Satzglieder sind, handelt es sich bei den adverbialen Angaben um freie Satzglieder. Sie kommen meist als Adverbien und Präpositionalgruppen vor, sehr häufig auch in Form von Sätzen (Adverbialsätzen). Man unterscheidet grob vier Hauptgruppen von Angaben:

| | |
|---|---|
| **Raumangaben (Lokalangaben)**<br>Ort, Erstreckung (wo?, wie weit?) | *Sie traf ihn* ***auf dem Markt.***<br>*Er ist* ***den ganzen Weg*** *zu Fuß gegangen.* |
| **Zeitangaben (Temporalangaben)**<br>Zeitpunkt, Dauer, Häufigkeit (wann?, wie lange?, wie oft?) | ***Heute*** *regnet es.*<br>***Gestern*** *hat es* ***den ganzen Tag*** *geregnet.*<br>*Das sagst du jetzt* ***zum dritten Mal.*** |
| **Angaben des Grundes (Kausalangaben)**<br>Grund, Bedingung, Zweck u. Ä. (warum?, wozu?, ...) | *Die Straße ist* ***wegen Bauarbeiten*** *gesperrt.*<br>***Bei Regen*** *findet das Konzert im Saal statt.*<br>*Wir fahren* ***zur Erholung*** *ans Meer.*<br>*Er ging* ***trotzdem*** *zur Arbeit.* |
| **Angaben der Art und Weise (Modalangaben)**<br>Qualität, Grad, Mittel u. Ä. (wie?, wie sehr?, womit?, ...)<br>Bestimmte Modalangaben beziehen sich nicht auf das Geschehen, sondern geben eine Einschätzung oder Bewertung des Sprechers wieder. | *Er singt* ***laut und falsch.***<br>*Das hat uns* ***ziemlich/sehr*** *geärgert.*<br>*Sie brät alles* ***mit Öl.***<br><br>*Er kommt* ***vielleicht*** *später noch.*<br>***Hoffentlich*** *ist niemand verletzt.*<br>*Unsere Mannschaft hat* ***leider*** *verloren.* |

## Die Wortstellung

Die Bedeutung eines Satzes ergibt sich aus seinen einzelnen Teilen und ihrer Anordnung (Wortstellung). Mit Wortstellung ist nicht die Stellung einzelner Wörter, sondern die **Satzgliedstellung** und die Stellung des Prädikats gemeint.

| | |
|---|---|
| Im Unterschied zu anderen Sprachen hat das Deutsche eine relativ freie Wortstellung. Vor der Personalform des Verbs im Aussagesatz kann jedoch immer nur ein Satzglied stehen. | ***Heute*** *liefert die Spedition die neuen Möbel an.*<br>*Die Spedition liefert* ***heute*** *die neuen Möbel an.*<br>*Die Spedition liefert die neuen Möbel* ***heute*** *an.* |

### Die Stellung des Prädikats und die Satzklammer

Im einfachen Aussagesatz steht als zweites Satzglied die Personalform (finite Form) des Verbs. Ändert man die Zweitstellung der Personalform des Verbs im Satz, verändert sich auch die Satzart.

| | Fragesatz<br>Aufforderungssatz | Aussagesatz | Nebensatz |
|---|---|---|---|
| **Spitzenstellung** | ***Kommt*** *Elke später?*<br>***Komm*** *später, Elke!* | | |
| **Zweitstellung** | | *Elke* ***kommt*** *später.* | |
| **Endstellung** | | | *(Ich vermute,) dass Elke später* ***kommt.*** |

Bei mehrteiligen Prädikaten treten die Teile in bestimmten Fällen auseinander, sie bilden eine Klammer um die Satzglieder (**Satzklammer, Verbklammer).** In Nebensätzen besteht die Satzklammer aus der einleitenden Konjunktion und dem Prädikat.

***Ist*** *er heute wieder nicht* ***erschienen?***
***... weil*** *er heute wieder nicht* ***erschienen ist.***

## Zusammengesetzte Sätze

Ein zusammengesetzter Satz besteht aus zwei oder mehr Teilsätzen, die nebenordnend (in einer Satzreihe) oder unterordnend (in einem Satzgefüge) miteinander verknüpft sein können.

| | |
|---|---|
| ■ Nebenordnung | *Sie war krank, deswegen konnte sie nicht kommen.* |
| ■ Unterordnung | *Weil sie krank war, konnte sie nicht kommen.* |
| **Satzreihe**<br>Eine Satzreihe besteht aus zwei oder mehreren selbstständigen Sätzen. | *Am Sonntag fuhren wir nach Frankfurt, denn wir wollten zum Flughafen. Wir kamen um 15 Uhr an und gerade landete die Maschine aus München. Vertrauen ist gut, Kontrolle ist besser.* |
| Satzteile, die den aneinandergereihten Sätzen gemeinsam sind, können im angeschlossenen Satz (manchmal auch im ersten Satz) weggelassen werden. | *Er geht auf das Gymnasium und sein Bruder geht auf die Realschule. – Er geht auf das Gymnasium und sein Bruder auf die Realschule.* |
| **Satzgefüge**<br>Ein Satzgefüge besteht aus einem übergeordneten **Hauptsatz** und mindestens einem untergeordneten **Nebensatz.** | *Am Sonntag fuhren wir nach Frankfurt, weil wir zum Flughafen wollten.* |
| Kommen mehrere Nebensätze im Satzgefüge vor, kann es verschiedene Stufen und Grade der Unterordnung geben. | *Der Fahrer des Unfallwagens hatte zu spät gebremst, weil er glaubte, dass er Vorfahrt vor dem Wagen, der von links kam, hätte.* |
| Dem Hauptsatz können auch zwei oder mehrere gleichrangige Nebensätze untergeordnet sein. | *Er ging nach Hause, weil es schon spät war und weil er noch zu tun hatte.* |
| Grundsätzlich gibt es drei Möglichkeiten der Stellung von Nebensätzen im Verhältnis zum Hauptsatz:<br>■ vorangestellt<br>■ nachgestellt<br>■ eingeschoben | ***Wer einmal hier gewesen ist,** kommt immer wieder.*<br>*Ich will wissen, **was hier gespielt wird.***<br>*Die CD, **die du mir geschenkt hast,** gefällt mir.* |

## Nebensätze

Nebensätze sind unselbstständige Teilsätze. Sie können nur zusammen mit dem Hauptsatz, dem sie untergeordnet sind, eine Äußerung bilden. Nebensätze vertreten unterschiedliche Satzteile des übergeordneten Satzes;

danach unterscheidet man **Ergänzungssätze, Adverbialsätze** und **Attributsätze.** Sie kommen vor als:

| | |
|---|---|
| ■ **Konjunktionalsatz** (Einleitungswort: unterordnende Konjunktion) | *Es ist nicht sicher,* ***ob er spielen kann.*** ***Wenn es regnet,*** *fällt das Spiel aus.* |
| ■ **Relativsatz** (Einleitungswort: Relativpronomen) | *Siehst du den Mann,* ***der dort arbeitet?*** |
| ■ **indirekter Fragesatz, *w*-Satz** (Einleitungswort: *w*-Wort) | *Ich habe gesagt,* ***was ich weiß.*** |
| ■ **Satz mit Verbzweitstellung** | *Er behauptet,* ***er sei krank.*** |
| ■ **Satz mit Spitzenstellung** | ***Wärst du faul,*** *so wärst du nicht hier.* |
| ■ **Infinitivgruppe** | *Ich freue mich,* ***euch wiederzusehen.*** |
| ■ **Partizipialgruppe** | ***Vor Anstrengung keuchend*** *konnte er …* |

### Ergänzungssätze

Ergänzungssätze vertreten eine Ergänzung des Hauptsatzes. Man unterscheidet Subjektsätze und Objektsätze. Am häufigsten kommen Objektsätze in der Funktion einer Akkusativergänzung (eines Akkusativobjekts) vor.

| Funktion des Nebensatzes | |
|---|---|
| ■ Subjekt (wer oder was?) | ***Dass du mich besuchen willst,*** *freut mich.* ***Ob er kommt,*** *ist völlig ungewiss.* |
| ■ Akkusativergänzung (wen oder was?) | *Er sagt,* ***dass er krank sei.*** *Ich weiß,* ***wo sie wohnt.*** *Sie beschloss,* ***eine Pause zu machen.*** *Er sagte,* ***Peter sei krank.*** *Ich glaube,* ***sie wohnt in Berlin.*** |
| ■ Genitivergänzung (wessen?) | *Peter rühmt sich,* ***dass er unschlagbar sei.*** *Peter rühmt sich* ***unschlagbar zu sein.*** |
| ■ Dativergänzung (wem?) | *Sie hilft nur,* ***wem sie helfen will.*** |
| ■ Präpositionalergänzung | *Er kümmert sich darum,* ***dass nichts verloren geht.*** |
| ■ Prädikativergänzung | *Peter ist [das],* ***was er schon immer war.*** |

Adverbialsätze

Ein Adverbialsatz liegt vor, wenn eine adverbiale Bestimmung (Umstandsangabe) in Form eines Satzes auftritt. Man unterscheidet:

| Temporalsätze | |
|---|---|
| Das Tempus des Verbs und bestimmte Konjunktionen zeigen an, ob das Geschehen des Nebensatzes | |
| ■ vor dem Hauptsatzgeschehen liegt (Vorzeitigkeit: *nachdem, als, seit[dem]*); | ***Nachdem er die Bestellung zusammengestellt hat,*** *füllt er den Lieferschein aus.* |
| ■ parallel zum Hauptsatzgeschehen abläuft (Gleichzeitigkeit: *als, während, wenn, wie, sobald, solange*); | ***Als er das Fenster öffnete,*** *verursachte er einen gewaltigen Durchzug.* |
| ■ nach dem Hauptsatzgeschehen abläuft (Nachzeitigkeit: *bevor, ehe, bis*). | ***Bevor wir verreisen,*** *müssen wir noch manches erledigen.* |
| **Kausalsätze (Begründungssätze)** | |
| Kausalsätze werden mit *weil* oder *da* eingeleitet. | *Er kann nicht kommen,* ***weil er keine Zeit hat.***<br>***Da er verreist war,*** *konnte er nicht kommen.* |
| **Konditionalsätze (Bedingungssätze)** | |
| Konditionalsätze werden vor allem mit *wenn* und *falls* eingeleitet. | ***Wenn das wahr ist,*** *dann müssen wir uns beeilen.*<br>***Falls die Tür geschlossen ist,*** *geh durch den Hof.* |
| **Konzessivsätze (Einräumungssätze)** | |
| Konzessivsätze werden mit *obwohl, obgleich, obschon, wenn auch* eingeleitet. | ***Obwohl/Obgleich er nur wenig Zeit hatte,*** *kam er.*<br>*Sie geht ins Büro,* ***obwohl/obgleich sie krank ist.*** |
| **Konsekutivsätze (Folgesätze)** | |
| Konsekutivsätze stehen immer hinter dem Hauptsatz; einleitende Konjunktion ist vor allem *(so)dass.* | *Sie sangen,* ***dass sie heiser wurden.***<br>*Die Sonne blendete ihn,* ***sodass er nichts sah.*** |

### Finalsätze (Absichtssätze)

| | |
|---|---|
| Finalsätze werden meist mit *damit* oder *um zu* + Infinitiv eingeleitet. | *Er beeilte sich,* ***um pünktlich zu sein.*** |

### Modalsätze

| | |
|---|---|
| Modalsätze sind Nebensätze, die die Art und Weise, auch das Mittel oder die Begleitumstände einer Handlung erläutern; die typische Konjunktion ist *indem*. Zu den Modalsätzen zählen auch Vergleichssätze. | *Er begrüßte ihn,* ***indem er sich verbeugte.*** *Er machte sich bemerkbar,* ***indem (dadurch, dass) er schrie.*** *Er ist so groß,* ***wie sein Vater ist.*** |

## Attributsätze

Ein Attributsatz ist ein Nebensatz, der nicht ein ganzes Satzglied, sondern nur einen Teil, und zwar ein Attribut (eine Beifügung), vertritt.

### Relativsatz

| | | |
|---|---|---|
| Der Relativsatz ist die wichtigste Form des Attributsatzes. Er wird durch ein Relativpronomen eingeleitet, das in Genus und Numerus mit dem Bezugswort des Hauptsatzes übereinstimmt und sich im Kasus nach dem Verb des Relativsatzes richtet. Der Relativsatz steht meist unmittelbar hinter dem Bezugswort. | *Ich kenne den Mann nicht,* | ***der*** (Subjekt) *dort steht.* |
| | | ***dem*** (Dativergänzung) *Gaby gerade zulächelt.* |
| | | ***den*** (Akkusativergänzung) *du mir gezeigt hast.* |
| | | ***mit dem*** (Präpositionalergänzung) *Eva spricht.* |
| Manche Relativsätze drücken einen neuen Gedanken aus, der sich auf den gesamten im Hauptsatz genannten Sachverhalt bezieht **(weiterführender Relativsatz).** | *Wir wollten unsere Lehrerin besuchen,* ***die aber nicht zu Hause war.*** *Ich komme aus Köln,* ***wo ich Zeuge eines Unglücks gewesen bin.*** | |

### Andere Formen des Attributsatzes

| | |
|---|---|
| Bezugswort ist oft ein Nomen, das aus einem Verb gebildet worden ist. Es kommen die gleichen Formen wie bei Ergänzungssätzen vor. | *Mein Entschluss,* ***das Spiel abzubrechen,*** *stand fest.* *Die Vermutung lag nahe,* ***dass der Spion zu den engsten Mitarbeitern des Ministers gehörte.*** *Seine Behauptung,* ***er sei zu Hause gewesen,*** *trifft nicht zu.* |

Adjektiv
Adverb
Akkusativ
Artikel
Deklination
Kasus
Konjunktion
Indikativ
Plural
Präsens
Subjekt
Verb
Adjektiv
Adverb
Akkusativ
Artikel
Deklination
Kasus
Konjunktion
Indikativ
Plural
Präsens
Subjekt
Verb
Adjektiv
Adverb
Akkusativ
Artikel
Deklination
Kasus
Konjunktion
Indikativ
Plural
Präsens
Subjekt
Verb
Adjektiv
Adverb
Akkusativ
Artikel
Deklination
Kasus
Konjunktion
Indikativ
Plural
Präsens
Subjekt
Verb
Adjektiv

# Register

# Register